당신의 이야기를
고객에게 닿게 하는 실전 마케팅

콘텐츠가 브랜드를 만든다

저자 박성식, 박지연, 허해은, 박선미, 정예진

목차

제 1 장 │ 키워드 & 트렌드 분석 … 4

제 2 장 │ AI 활용 마케팅 … 16

제 3 장 │ 인스타그램 완벽 가이드북 … 36

제 4 장 │ 블로그 마케팅 파트 구성안 … 80

제 5 장 │ 유튜브 마케팅 … 120

제 6 장 │ 숏폼 콘텐츠 크리에이터 입문:
성공적인 채널 성장을 위한 가이드북 … 164

제 1 장

키워드 & 트렌드 분석

고객은 검색으로 말한다 - 데이터를 읽는 마케터 되기

목차

Chapter 1. 키워드는 고객의 언어다 … 6

Chapter 2. 트렌드는 흐름이다 … 8

Chapter 3. 데이터 분석 실전 … 10

Chapter 4. 키워드 전략 세우기 … 12

Chapter 5. 트렌드를 콘텐츠로 연결하기 … 14

Chapter 1

키워드는 고객의 언어다

01. 키워드가 마케팅의 시작인 이유

모든 소비자는 구매를 결정하기 전에 검색을 한다.

카페를 찾을 때는 '분위기 좋은 카페', 피부 관리샵을 찾을 때는 '속눈썹펌 잘하는 곳'이라고 검색한다.

이 한 줄의 검색어 안에는 소비자의 관심, 불안, 기대감이 모두 담겨 있다.

마케팅의 출발점은 **'고객이 어떤 단어로 나를 찾는가?'**를 아는 것이다.

ex)

'원주 피부 관리'를 검색하는 사람은 이미 구매 의도가 있는 잠재 고객이고,

'피부 각질 관리 방법'을 검색하는 사람은 정보 탐색 단계의 고객이다.

이처럼 키워드는 단순한 단어가 아니라, 고객의 현재 단계와 행동 의도를 보여 주는 데이터다.

02. 좋은 키워드의 조건

좋은 키워드는 단순히 많이 검색되는 단어가 아니라,

'내 업종과 직접적으로 연결되어 있으면서 경쟁이 덜한 단어'이다.

즉, 검색량이 충분하고, 경쟁이 적으며, 고객의 의도를 반영하는 키워드가 필요하다.

ex)

'뷰티', '피부 관리'처럼 너무 광범위한 키워드는 경쟁이 심해 상위 노출이 어렵다.

반면 '원주 피부 관리 MTS 앰플', '춘천 속눈썹펌 1인샵'처럼 지역+서비스+특징을 함께 넣으면
실제 검색률이 높고, 구매 의도가 뚜렷한 고객에게 노출된다.

03. 키워드의 유형

키워드는 크게 **메인 키워드, 보조 키워드, 롱테일 키워드**로 나눌 수 있다.
예를 들어 '마곡 카페'라는 업종을 기준으로 보자.

메인 키워드: 마곡 카페
보조 키워드: 감성, 조용한, 브런치, 예약
롱테일 키워드: '마곡 조용한 감성 브런치 카페', '마곡역 분위기 좋은 카페 추천'
이 세 가지를 조합하면 고객의 다양한 검색 의도를 폭넓게 커버할 수 있다.

ex)
〈마곡 조용한 브런치 카페 '홍길동 카페' — 주말 감성 충전〉
처럼 지역명 + 업종 + 감성 키워드를 함께 넣는 것이 좋다.

–	키워드	PC 검색량	모바일 검색량	총조회수
-	홍길동카페	10	10	20
-	분위기좋은카페	280	7,830	8,110
-	마곡카페	880	6,830	7,710

웨어이즈포스트 whereispost.com/keyword 참고 바랍니다.

___
Chapter 2
___

트렌드는 흐름이다

01. 트렌드의 본질: '시간 + 반복'

트렌드는 하루아침에 만들어지지 않는다.

데이터의 '시간축'을 보면 특정 시기에 관심이 몰리고 반복되는 흐름이 있다.

이 시점을 파악하면 콘텐츠를 올리는 최적의 타이밍을 잡을 수 있다.

ex)

'보양식'은 매년 6월~8월 사이에 검색량이 급증한다.

'냉모밀'은 6월~8월, '벚꽃 카페'는 3~4월에 집중된다.

'카페 창업' 키워드는 3~5월, 9~10월 두 번의 피크가 온다.

즉, 트렌드란 단순한 유행이 아니라, **계절·이슈·심리**가 반복되는 **'패턴'**이다.

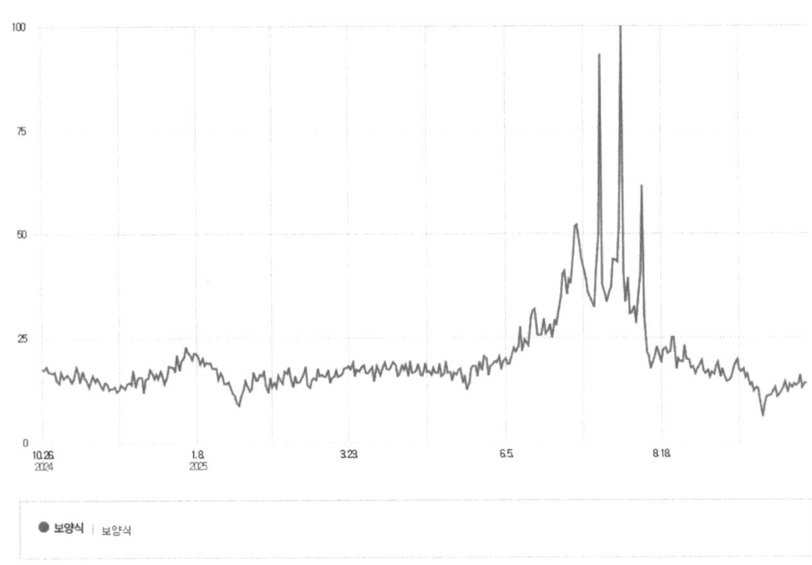

네이버 검색어 트렌드 참고 바랍니다.

트렌드 분석은 다음 세 단계로 진행된다.

① **탐색** — 시장의 변화를 감지한다. (급상승 검색어, SNS 화제 주제 등)

② **분석** — 데이터 도구를 통해 흐름을 수치로 확인한다.

③ **활용** — 트렌드가 반영된 시점에 콘텐츠를 기획·홍보한다.

ex)

2월 말에 '봄 카페', '벚꽃 데이트', '감성 카페'가 급상승한다면

2월 초에는 벚꽃 시즌 사진 콘텐츠를 미리 제작해 업로드해야 한다.

이렇게 하면 검색량과 SNS 반응이 동시에 터진다.

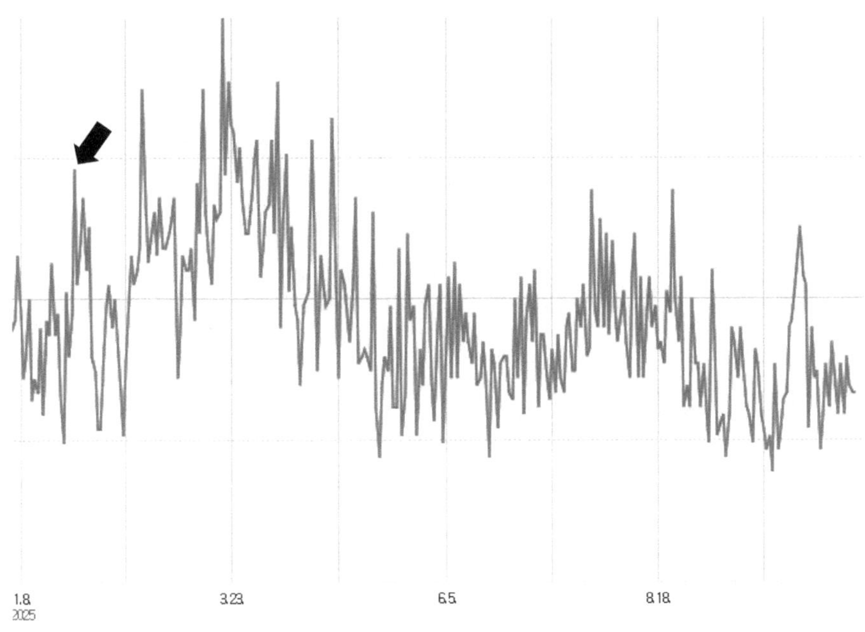

네이버 검색어 트렌드 참고 바랍니다. (봄 카페 검색 시 반영 모습)

Chapter 3

데이터 분석 실전

01. 네이버 데이터랩 활용

① [네이버 데이터랩 → 검색어 트렌드]에 접속한다.

② '업종명 + 지역명'을 입력한다. 예: '원주 피부 관리', '마곡 카페'.

③ 기간·성별·연령별 그래프를 확인한다.

ex)

'원주 피부 관리'를 검색하면 20~30대 여성 비중이 68%,

검색량은 3월과 9월에 급증한다.

이 데이터만 봐도, 봄·가을 이벤트 시기를 설정할 근거가 된다.

02. 구글 트렌드로 전국 관심도 보기

구글 트렌드는 지역별 관심도를 시각적으로 보여 준다.

예를 들어 'AI 마케팅'을 입력하면,

2025년 동안 검색량이 지속 상승하고, 서울·경기·인천 순으로 관심도가 높다.

이 결과를 보면 향후 AI 관련 강의·교육·창업 시장의 성장 가능성을 읽을 수 있다.

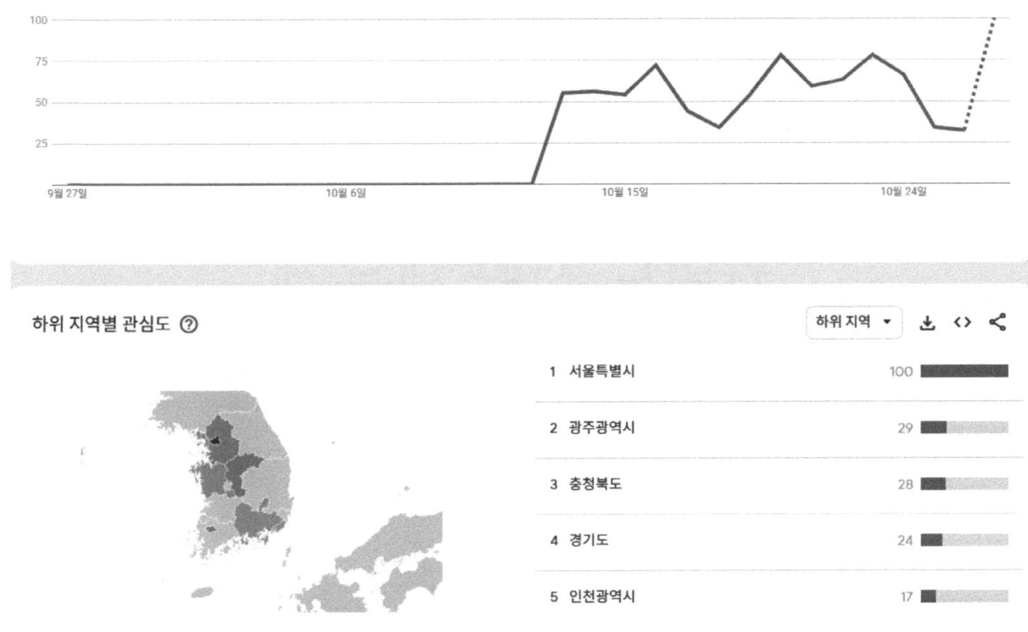

구글 트렌드 참고하세요.

03. 키워드 플래너로 세부 분석

'속초 숙소'를 검색하면 월간 검색량이 약 40,000회이며,

연관 키워드는 '해수욕장', '감성 숙소', '중앙시장'이 등 함께 나타난다.

즉, 여행과 감성·먹거리를 결합한 콘텐츠가 잘 반응한다는 것을 알 수 있다.

이렇게 검색량과 연관어를 함께 분석하면 콘텐츠 방향이 명확해진다.

✅ 웨어이즈포스트 키워드 검색 반영 모습

키워드	PC 검색량	모바일 검색량	총조회수
속초숙소	6,340	33,800	40,140

✅ 관련 키워드

속초 해수욕장 숙소   속초 중앙시장 근처 숙소   속초 감성숙소   속초 시외버스터미널 근처 숙소   속초 한달살기 숙소

웨어이즈포스트 whereispost.com/keyword 참고 바랍니다.

Chapter 4

키워드 전략 세우기

01. 고객 여정 기반 키워드

고객은 보통 **인지 → 비교 → 결정**의 과정을 거친다.

따라서 단계별로 다른 키워드와 콘텐츠 전략을 세워야 한다.

인지 단계: '요즘 뜨는 브런치 카페', '감성 카페 추천' → 트렌드 중심 콘텐츠

비교 단계: '마곡 카페 후기', '분위기 좋은 카페 비교' → 리뷰 중심 콘텐츠

결정 단계: '마곡 커프앤블랭크 예약', '네이버 예약 할인' → 실질 구매 유도 콘텐츠

ex)

〈마곡 카페 추천 BEST 3 — 조용한 감성, 브런치, 디저트 비교 후기〉

는 비교 단계의 고객을 정확히 겨냥한 콘텐츠다.

02. 키워드 매트릭스

'구매 단계(인지-비교-결정)'와 '키워드 유형(메인-보조-롱테일)'을 교차시켜

나만의 키워드 매트릭스를 만들면, 콘텐츠 주제를 쉽게 도출할 수 있다.

ex) 춘천의 뷰티샵이라면

단계	메인	보조	롱테일
인지	뷰티샵	피부 관리, MTS	춘천 피부 관리 잘하는 곳
비교	피부 관리샵	후기, 비교	춘천 MTS 앰플 후기
결정	피부 관리 예약	이벤트, 할인	춘천 피부 관리 1인샵 예약

03. 트렌드 캘린더 작성

한 달 또는 한 시즌 단위로 트렌드 주제를 미리 잡아두면 마케팅의 효율이 올라간다.

ex)
3월 — 벚꽃, 봄나들이, 감성 카페
7월 — 냉모밀, 여름 디저트, 시원한 인테리어
11월 — 보양식, 홍게 정식, 연말 모임
예를 들어 '11월 홍게 정식 런치 포스팅', '3월 벚꽃 카페 후기'처럼
검색 피크 시점에 콘텐츠를 맞추면 도달률이 2~3배 상승한다.

Chapter 5

트렌드를 콘텐츠로 연결하기

01. 트렌드 기반 콘텐츠 기획법

트렌드를 그대로 콘텐츠로 바꾸는 게 핵심이다.

ex)

'보양식' → 대게 정식, 홍게찜

'봄나들이' → 벚꽃 카페, 감성 카페

'AI 마케팅' → 실습형 포스팅

예시 포스팅 제목:

〈[겨울 한정 메뉴] 홍게찜 정식 — 제철 대게를 합리적으로 즐기다〉

〈AI가 대신 써준 홍보 문구, SNS 반응 폭발!〉

02. 해시태그와 제목 전략

제목에는 핵심 키워드 2~3개를 포함하고,

해시태그는 15개 이내로 구성하되

'메인 5개 + 지역 5개 + 감성 5개'로 조합하면 가장 효율적이다.

ex)

제목 — 〈마곡 분위기 좋은 브런치 카페 커프앤블랭크〉

해시태그 — #마곡 카페 #브런치 맛집 #감성 카페 #데이트코스 #마곡역 맛집

AI를 활용하면 매주 급상승 키워드를 기반으로
콘텐츠 주제를 자동으로 추천받을 수 있다.
ChatGPT: "이번 주 네이버 급상승 키워드로 콘텐츠 주제 추천해줘."
뤼튼: "봄나들이 관련 블로그 제목 10개 만들어줘."
클로바X: "카페 홍보용 이미지 문구 만들어줘."

ex)
'봄 감성 가득한 마곡 브런치 카페 BEST 3'
'주말엔 감성 한 잔, 브런치 한 입'

04. 마무리

키워드와 트렌드는 단순히 '검색어'가 아니라 고객의 마음을 읽는 언어이다.
감으로 마케팅하는 시대는 끝났다.
이제는 데이터를 통해 근거를 세우고,
AI와 결합해 자동화된 흐름 속에서 '근거 있는 감각'을 만드는 시대다.

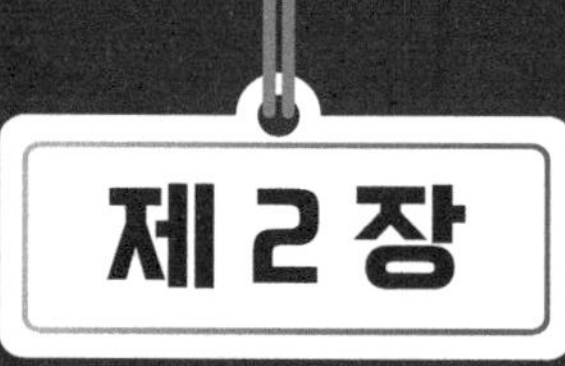

AI 활용 마케팅

"AI는 도구가 아니라, 마케팅의 '생산 파이프라인'이다."

목차

Chapter 1. AI 마케팅의 개요 … 18

Chapter 2. 텍스트·전략·문서 작업 최강자 … 22

Chapter 3. AI로 콘텐츠 기획 및 홍보문구 제작 … 24

Chapter 4. AI 이미지 제작 실전 … 25

Chapter 5. AI 영상 제작 및 숏폼 자동화 … 26

Chapter 6. AI 업무 자동화 … 27

Chapter 7. 업종별 AI 마케팅 실전 전략 … 30

Chapter 8. AI 종류별 장점·단점 소개 … 34

Chapter 1

AI 마케팅의 개요

01. AI가 마케팅을 혁신하는 이유

AI는 단순히 글을 대신 써 주는 도구가 아니라,
마케팅의 모든 과정을 하나의 '자동화 파이프라인'으로 연결해 주는 시스템이다.

1) 속도 향상
블로그 글 1편: 기존 40~60분 → AI 사용 5~10분
포스터 디자인: 기존 1~2시간 → Canva AI 사용 3분
영상 제작: 기존 2~3시간 → PikaLabs 사용 10~20분

ex)

작업	기존 소요 시간	AI 사용 후	상황사례
블로그 글 1편	40~60분	5~10분	마곡 카페 사장님이 신메뉴 '트러플 파니니' 리뷰 글을 ChatGPT로 7분 만에 완성 → 글 흐름·사진 설명 자동 생성
포스터 디자인	1~2시간	3분 (Canva AI)	원주 피부 관리샵 '3월 MTS 이벤트' 포스터:색감· 배치·문구 자동 조합 → 매장·SNS 활용
영상 제작(15초)	2~3시간	10~20분 (PikaLabs)	대게집 홍게 정식 숏폼: 눈 오는 효과 + 자막 자동 삽입 → 업로드까지 총 15분 소요
카드 뉴스(5장)	1~1.5시간	5~7분 (미리캔버스)	부동산 매물 소개 카드 뉴스(입지·구조·가격) 6분 완성→ 블로그와 카카오 채널에 사용

2) 품질 일정화

디자인 감각이 없어도 포스터 퀄리티 일정, 글쓰기 경험 없어도 통일된 문체

영상 편집 능력 없어도 안정된 콘텐츠 제작

ex)

항목	AI 사용 효과	상황사례
포스터 퀄리티 일정화	디자인 감각 부족해도 동일 수준 결과물	카페 신메뉴 포스터 5종: 폰트·색상·레이아웃 자동 → '통일된 브랜드 이미지' 확보
문체 일정화(글쓰기)	글 실력과 상관없이 일정한 톤 유지	부동산 블로그 글: 모든 매물 설명이 '동일 문체·정리된 구조'로 통일 → 신뢰도 상승
영상 품질 안정화	편집 경험 없어도 깔끔한 질감 유지	식당 홍보 영상: 배경음악·카메라 패닝 효과 자동 적용 → 초보자도 전문 느낌 영상 제작

3) 아이디어 고갈 해결

매일 새로운 콘텐츠 주제 자동 추천

제목·문구·트렌드 업데이트 자동 제공

ex)

기능	AI 제공 효과	상황사례
콘텐츠 주제 자동 생성	매일 새로운 주제 20~50개 추천	카페: '봄 브런치 추천', '포토존 소개', '사장님 일상 브이로그' 등 30개 자동 생성
제목·문구 자동 제공	감성/고급/유머 등 톤 조절 가능	뷰티샵: '3월 집중 케어 이벤트' 문구 15개 자동 → 카드 뉴스와 SNS에 즉시 사용
트렌드 기반 주제 추천	주간·월간 트렌드 자동 분석	대게집: '겨울 보양식', '연말 회식', '명절 선물 세트' 키워드 자동 제안
시즌별 마케팅 캘린더 생성	1개월 콘텐츠 일정표 자동 구성	부동산: '봄 이사철 콘텐츠 4주 플랜' 자동 생성

4) 창업자·소상공인의 '인력 부족' 문제 해결

특히 1인 운영 매장(카페, 피부 관리샵, 부동산 등)은

마케팅에 투자할 시간이 부족한데, AI는 이를 극복하게 해 준다.

ex)

문제	기존 방식	AI 사용 후	상황사례
사진·포스터 제작 인력 부족	디자이너 외주 → 비용 발생	Canva AI로 직접 제작	카페 사장님: 메뉴판·포스터 10종 1시간 내 직접 생성
글쓰기 어려움	글 작성 부담 → 홍보 글 부족	ChatGPT로 블로그 5분 완성	부동산: 매물 설명 글을 800자 자동 생성 → 상담 증가
리뷰·SNS 운영 시간 부족	1인 매장 → 올리기 어려움	글·해시태그·문구 자동 생성	뷰티샵: 인스타 1일 1 포스팅 가능 해짐
영상 제작 능력 부족	편집 난이도 높아 아예 못함	PikaLabs 자동영상 10분	대게집: 시즌 메뉴 숏폼 직접 제작 → 조회 수 증가
마케팅 전략 부재	전문가 도움 필요	SWOT·페르소나· 경쟁분석 자동	이자카야: ChatGPT로 전략 정리 → 매출 구조 개선에 도움

02. AI 활용 마케팅 – 실전 포스터·이미지·콘텐츠 사례 표 정리

1) 카페 사례

구분	내용	사용 목적	AI 활용 예시	실제 활용 위치
신메뉴 출시 포스터	봄 시즌 신메뉴 (벚꽃라떼·딸기라떼) 출시	신메뉴 홍보 / 매장 방문 유도	'벚꽃 감성·핑크톤· 신메뉴 출시' 조건으로 Canva 생성	카페 입구/인스타 피드/네이버 플레이스 메뉴
리뷰 유도 포스터	리뷰 작성 시 음료 할인	리뷰 확보/ 상위 노출	'리뷰 이벤트·민트톤· QR 포함'으로 제작	카운터 앞/테이블 카드/스토리 업로드

2) 식당 사례-대게집

구분	내용	사용 목적	AI 활용 예시	실제 활용 위치
계절 한정 메뉴 포스터	겨울 한정 '홍게 정식' 출시	계절 메뉴 강조 / 예약 유도	'겨울 감성·눈·홍게 정식·한정 수량' 입력	매장 입구/SNS / 네이버 예약
런치/디너 코스 안내 이미지	1인 600g 디너 메뉴 구성	고가 메뉴 부담↓/ 체험 메뉴 홍보	메뉴판 스타일 포스터 생성	네이버 플레이스 메뉴판/홍보물

3) 뷰티샵

구분	내용	사용 목적	AI 활용 예시	실제 활용 위치
월간 이벤트 카드 뉴스	3월 MTS 앰플 집중 케어 이벤트	이벤트 홍보/ 예약 증가	'카드 뉴스 5장 구성 ·아이보리톤·MTS 설명' 입력	인스타 5장 업로드/ 블로그 /카카오
Before/After 비교 이미지	시술 효과 시각 설명	신뢰 확보/ 예약 전환	'Before/After 비교·정면· 광채 피부톤'	블로그/인스타/ 플레이스 소개

4) 부동산

구분	내용	사용 목적	AI 활용 예시	실제 활용 위치
매물 요약 이미지 (썸네일)	24평·남향·초등 5분 거리	블로그 클릭율↑ /첫인상 강화	'파란색 계열·요약· 아이콘 포함'	블로그 썸네일 / 카카오 채널 답변
입지 요약 그래픽	교통·교육·생활 인 프라 설명	매물 정보 전달 /상 담 연결	'지도형 인포그래픽' 생성	매물 소개 카드 뉴스/ PPT/블로그

Chapter 2

텍스트·전략·문서 작업 최강자

1) 특징

글쓰기·전략·기획·보고서·요약에 최적화

경험이 부족한 초보자도 전문가 수준 문서를 만들 수 있습니다.

'어떻게 질문하느냐(프롬프트)'에 따라 품질이 결정되는 구조

마케팅 기획 → 문구 제작 → 블로그 글 → 매출 유도 문장까지 '전 과정' 자동화 가능

(1) ChatGPT 상세 설명 + 기능

기능	상세 설명	활용 효과
블로그 글 작성	도입–본문–마무리 구조 완성/ 정보·스토리텔링 가능	글쓰기 시간 40~60분 → 5~10분
홍보 문구 제작	감성·유머·전문·고급 등 톤 조정 가능	인스타/포스터 문구 즉시 제작
전략·기획 분석	SWOT, 페르소나, 핵심 키워드 도출	컨설턴트처럼 논리적 전략 수립
경쟁업체 분석	리뷰·가격·장단점 분석 요약	마케팅 방향성 빠르게 확보
사업계획서/보고서 작성	표/목차/핵심 요약자동 작성	문서 품질 향상+작성 시간 절감
콘텐츠 아이디어 생성	주제·키워드 기반 아이디어 폭발 생성	콘텐츠 고갈 문제 완전 해결

(2) ChatGPT 실전 예시

상황	입력 프롬프트	ChatGPT 출력 예시	실제 활용
카페 신메뉴 블로그 글 제작	"브런치 카페 신메뉴(트러플 파니니) 리뷰 글 1,200자 써줘. 감성 스타일."	맛·향·분위기·가격· 사진 설명까지 포함한 5단락 글 제공	블로그 글=첫 페이지 노출/SNS 콘텐츠 재활용
뷰티샵 이벤트 홍보 문구 생성	"3월 MTS 앰플 집중관리 이벤트 홍보문구 10개. 고급스럽고 부드러운 톤."	"피부 깊이 스며드는 3월의 집중관리", "한 달 후 달라진 피부톤을 느껴보세요."	인스타 문구/카드 뉴스 문구로 활용
식당 '홍게 정식' 포스터 문구 제작	"홍게 정식 겨울 한정 포스터. 따뜻한 감성, 10개 문구."	"찬바람 속에서 맛보는 따뜻한 겨울 한 입", "겨울엔 홍게가 답입니다."	포스터 타이틀 문구로 활용
부동산 매물 소개글 제작	"24평 매물 소개글 800자. 구조·입지·주변 환경 강조."	학교/교통/관리비/평면 구조를 전문 용어로 정리한 글 완성	네이버 블로그 ·카카오 채널·네이버 플레이스 소개글

(3) ChatGPT 실전 프롬프트

목적	예시 프롬프트
블로그 글 작성	"마곡 브런치 카페 방문 후기 1,200자. 감성 스타일. 사진 3장 설명 포함."
인스타 문구 제작	"홍게 정식 겨울 이벤트 감성 문구 10개. 따뜻한 스타일."
전략/분석	"원주 피부 관리샵 시장 SWOT 분석. 표로 정리."
매출유도 문구	"신메뉴 주문율 올리는 문구 10개. 자연스러운 판매 유도."
카드 뉴스 구성	"3월 뷰티샵 이벤트 카드 뉴스 5장 구성. 설명+가격+예약 포함."
매물 설명글	"남양주 OO아파트 24평 매물 소개글 800자. 구조+입지+주변 환경 강조."

(4) ChatGPT 활용 효과 비교

항목	AI 사용 전	AI 사용 후
블로그 글 작성 시간	45~60분	5~10분
포스터/문구 제작 시간	30~40분	2~5분
콘텐츠 아이디어 발상	하루 1~2개	1분에 20개 가능
내용 품질	개인 역량에 따라 편차	일정하고 전문적인 문장
마케팅 비용	외주 30~70만 원 수준	0원(직접 제작)

Chapter 3

AI로 콘텐츠 기획 및 홍보 문구 제작

AI는 콘텐츠 기획 과정에서 가장 많은 혁신을 가져왔습니다.

예전에는 '무엇을 올릴지' 정하는 데 하루 반나절이 걸렸다면,

이제는 AI가 주제 → 구성 → 문구 → 해시태그까지 한 번에 제시합니다.

콘텐츠 기획 경험이 없는 사람도 전문가 수준의 기획자가 되는 방식을 배우는 것이 이
Chapter의 핵심입니다.

ex)

업종	실제 상황	AI 활용	결과
마곡 카페	신메뉴 브런치 출시 → 콘텐츠 주제 부족	"3월 카페 콘텐츠 30개 생성해줘"	30개 주제 자동 생성 → 1개월 운영 완성
대게집	홍게 정식 겨울 이벤트 홍보 필요	"감성·고급톤 SNS 문구 20개"	포스터·인스타· 네이버에 바로 적용
뷰티샵	3월 이벤트 글쓰기 어려움	"MTS 앰플 집중관리 800자 글"	블로그·카드 뉴스 통일 문체로 완성
부동산	매물 문구가 항상 어색함	"남향·24평·입지 강조 800자"	전문적인 매물 소개글로 신뢰도 상승

Chapter 4

AI 이미지 제작 실전

이미지는 고객의 첫인상입니다.

포스터, 메뉴판, 이벤트 배너, 카드 뉴스는 매장의 전문성과 신뢰도를 결정합니다.

이 Chapter에서는 Canva / 미리캔버스 / Midjourney / DALL·E를 활용해

누구나 5~10분 안에 고퀄리티 이미지를 제작하는 방법을 배웁니다.

ex)

업종	실제 상황	생성 이미지 예시	결과
카페	봄 벚꽃 음료 출시	"벚꽃톤 신메뉴 포스터" Canva 제작	인스타·네이버 노출 증가
뷰티샵	이벤트 안내 필요	5장 카드 뉴스 자동 생성	고객 문의 증가, 설명 효과 상승
대게집	홍게 정식 시즌 메뉴 포스터 필요	Midjourney로 "지브리풍 홍게 일러스트" 제작	포토존·SNS 인지도 상승
부동산	매물 사진 밋밋	"입지 요약 그래픽" Canva 제작	블로그 클릭률 증가, 전문성 강화

◆ 실제 예시(부동산)

입력:

"24평 남향, 초등학교 도보 5분, 남양주 OO아파트 요약 이미지를 부동산 스타일로 만들어줘."

→ Canva에서 구조도 + 강점 아이콘 포함한 썸네일 이미지 자동 생성.

Chapter 5

AI 영상 제작 및 숏폼 자동화

영상은 마케팅의 핵심입니다.

하지만 영상 제작은 기술, 시간, 장비가 필요한 분야였기 때문에

1인 매장·초보자에게 가장 어려운 영역입니다.

AI 영상 도구(PikaLabs, Runway)는 촬영 없이 텍스트만으로 숏폼 영상을 만들 수 있으며,

2~3시간 걸리던 편집 시간을 10~20분으로 단축합니다.

ex)

업종	실제 상황	AI 입력문	결과 영상
대게집	겨울 홍게 정식 숏폼 필요	"눈 내리는 배경에서 김 모락모락 나는 홍게 등장"	12초 영상 자동 제작 → 릴스 업로드
카페	브런치 플레이팅 영상 필요	"따뜻한 카페 톤, 식탁 위 브런치 모션"	감성 숏폼 완성 → 조회 수 증가
뷰티샵	시술 Before→After 영상 필요	"은은한 조명, 부드러운 전환 효과"	이벤트 영상으로 활용
부동산	단지 소개 영상 필요	"드론 뷰 스타일 아파트 단지 10초"	매물 홍보에 사용

✔ 예시 출력

PikaLabs 입력:

"카페 테이블 위 브런치 접시가 조명 아래 반짝이며 등장하고, 카메라가 부드럽게 확대되는 12초 감성 영상."

→ 실제 촬영 없이 고급 숏폼 완성.

AI 업무 자동화

AI는 콘텐츠 생산뿐 아니라 업무 효율 전체를 바꿉니다.

특히 소상공인·자영업자에게 AI 자동화는 '직원 1명 더 생긴 것 같은 효과'를 제공합니다.

이 Chapter는 실제 현장에서 가장 많이 쓰는 글쓰기 자동화, 리뷰 답글 자동화, 매출/리뷰 요약 자동화 , 안내문·공지문 자동 제시, 일정·할 일 관리 자동화를 실습 중심으로 배웁니다.

(1) 블로그 글쓰기 자동화

내용	설명
사용 AI	ChatGPT/Gemini
문제 상황	이벤트·신메뉴 글을 쓸 때마다 40~60분 소요되어 부담이 컸음.
AI 입력 예시	"원주 피부 관리샵 3월 이벤트 소개글 1,000자, 부드러운 톤으로 작성해줘."
자동화 결과	효과·과정·가격·예약 안내 등 글 전체 구성이 자동 완성됨.
업종 사례	원주 최강뷰티 → 글쓰기 1시간 → 약 7~10분으로 단축.
효과	글 품질이 일정해지고, 콘텐츠 업로드 빈도 증가.

(2) 리뷰 답글 자동화

내용	설명
사용 AI	ChatGPT
상황	리뷰가 많아질수록 답글 작성 시간이 과도하게 소모됨.
AI 사용 예시	"맛 칭찬·불만 리뷰 등 상황별 답글 30개 만들어줘. 따뜻한 톤으로."
AI가 만든 결과	상황별로 바로 쓸 수 있는 답글 세트 생성.
실제 사례	마곡 카페 → 리뷰 응대 속도 약 5배 향상.
효과	일관되고 친절한 답글 유지, 고객 반응 향상.

(3) 매출·리뷰·메뉴 반응 요약 자동화

내용	설명
사용 AI	ChatGPT / Gemini
상황	매출·리뷰 데이터를 스스로 정리하기 어려움.
AI 사용 예시	"매출·리뷰·인기 메뉴 정보를 월간 보고서처럼 요약해줘."
AI가 만든 결과	표·요약·개선안이 포함된 보고서 자동 생성.
실제 사례	구로 횟집 → 1시간 걸리던 보고서가 3~5분에 완성.
효과	경영 판단이 빨라지고 운영 방향이 명확해짐.

(4) 고객 상담·문의 답변 자동 생성

내용	설명
사용 AI	ChatGPT
상황	반복되는 문의(매물, 예약, 가격 등)에 매번 답변 작성 부담.
AI 사용 예시	"부동산 상담 답변 20개. 친절하고 전문적인 톤으로 작성해줘."
AI가 만든 결과	상황별 상담 문구 템플릿이 완성됨.
실제 사례	남양주 부동산 → 상담 응답 속도 크게 향상.
효과	전문적인 이미지 유지 + 빠른 대응 가능.

(5) 행사 안내문·신메뉴 공지

내용	설명
사용 AI	ChatGPT + Canva AI
상황	공지문·포스터 제작에 1~2시간씩 소요됨.
AI 사용 예시	ChatGPT: "해물나베 신메뉴 공지문 500자." Canva: "일본 감성, 네이비톤 포스터 디자인."
AI가 만든 결과	공지문과 SNS용 포스터가 5~10분 안에 완성.
실제 사례	이자카야(공덕) → 이벤트 준비 시간 10분.
효과	빠른 홍보, 디자인 퀄리티 일정 유지.

(6) 예약·문의 메시지 자동화

내용	설명
사용 AI	ChatGPT
상황	예약 확정·변경 안내를 매번 직접 작성해야 했음.
AI 사용 예시	"카페 예약 확정 안내문 100자, 따뜻한 톤으로."
AI가 만든 결과	바로 사용 가능한 안내문 여러 버전 생성.
실제 사례	카페·뷰티샵에서 활용 → 안내 속도 향상.
효과	고객 경험 개선 + 응대 효율 상승.

(7) 반복 업무 자동화

내용	설명
사용 AI	ChatGPT
상황	주간·월간 운영 체크리스트를 매번 새로 작성해야 했음.
AI 사용 예시	"카페 주간 운영 체크리스트 만들어줘. 매출·재고·콘텐츠 포함."
AI가 만든 결과	운영표·체크리스트 형식으로 자동 생성됨.
실제 사례	카페·식당·뷰티·부동산 등 공통 활용.
효과	운영이 체계화되고 업무 누락 감소.

✅ 한눈에 요약

항목	AI	주요 효과
블로그 작성	ChatGPT·Gemini	40분 → 7~10분
리뷰 답글	ChatGPT	응대 속도 5배 증가
매출 분석	ChatGPT·Gemini	보고서 자동 생성
상담 문구	ChatGPT	전문성·속도 향상
공지·포스터	ChatGPT·Gemini	3~10분 만에 제작
예약 안내	ChatGPT	고객 응대 효율 상승
운영 체크리스트	ChatGPT	체계적 매장 관리

업종별 AI 마케팅 실전 전략

01. 카페 · 베이커리 업종

카페와 베이커리 업종은 감성·계절·비주얼 중심 마케팅이 매우 강한 분야다.

고객은 실제 방문 전, SNS에서 본 사진과 분위기로 방문 여부를 결정하는 경향이 높다.

따라서 AI를 활용해 계절 신메뉴 포스터, 감성 카드 뉴스, 따뜻한 분위기의 이미지, 감성 숏폼 영상을 빠르게 제작하는 것이 핵심 전략이다.

특히 계절마다 메뉴가 자주 바뀌기 때문에, AI의 빠른 이미지·포스터 제작 기능은 큰 효율을 제공한다.

또한 ChatGPT를 활용해 한 줄 소개문, 시즌 이벤트 문구, 스토리텔링 글 등을 만들면 지속적인 콘텐츠 생산이 가능해진다.

구분	핵심 포인트
주요 AI 도구	ChatGPT는 글·문구 작성, Canva·미리캔버스는 포스터와 카드 뉴스 제작, PikaLabs는 감성 숏폼 영상 생성, DALL·E는 감성 사진·일러스트 제작에 활용된다.
업종 특징	고객이 '분위기'와 '비주얼'을 보고 방문을 결정하기 때문에 계절 느낌, 감성적인 사진, 신메뉴 이미지를 자주 만들어야 한다.
활용 효과	신메뉴가 나올 때마다 포스터와 이미지 제작에 시간을 쓰지 않아도 되고, 감성 톤이 일정하게 유지되어 SNS 반응이 좋아진다.
추천 콘텐츠	시즌별 메뉴 소개 포스터, 브런치·디저트 사진 카드 뉴스, 카페 분위기 숏폼 영상 등이 가장 효과적이다.
추천 이미지 스타일	파스텔 계열 색감, 자연광 느낌, 따뜻한 조명, 카페에 온 듯한 분위기 연출이 잘 맞는다.
추천 Prompt	'봄 감성 카페 분위기, 부드러운 핑크톤, 따뜻한 빛, 라떼와 디저트 테이블 연출'

02. 식당 · 전문식당

식당 업종은 메뉴 사진과 영상이 곧 마케팅 성과로 이어지는 대표 업종이다.

음식의 질감·연기·색감이 얼마나 맛있게 보이느냐에 따라 고객 유입이 달라지기 때문에 AI로 메뉴 이미지를 업그레이드하고, 조리 장면 없이도 숏폼을 생성하는 방법이 효과적이다.

또한 ChatGPT를 활용해 메뉴 설명 글, 맛 표현 문구, 신메뉴 소개글을 자동으로 작성할 수 있어 SNS·블로그·플레이스에서 콘텐츠 퀄리티가 일정하게 유지된다.

특히 신메뉴 출시나 시즌 메뉴 홍보 때 AI 포스터와 영상 제작은 큰 시간을 절약해 준다.

구분	핵심 포인트
주요 AI 도구	ChatGPT는 메뉴 설명이나 홍보 글을 쉽게 만들어 주고, Canva는 맛있게 보이는 메뉴 이미지·포스터 제작, PikaLabs는 조리 과정이 없어도 음식이 등장하는 영상 생성, DALL·E는 감성적인 음식 사진 제작에 도움 된다.
업종 특징	음식의 '보이는 맛'이 매우 중요하기 때문에 사진과 영상이 매출에 직접적인 영향을 준다.
활용 효과	음식 사진이 부족하거나 촬영이 어려울 때 AI가 보완해주며, 숏폼 영상도 촬영 없이 만들 수 있어 홍보 속도가 빨라진다.
추천 콘텐츠	대표 메뉴 이미지, 신메뉴 출시 포스터, 요리 과정 느낌 숏폼, 맛 표현 중심 SNS 문구.
추천 이미지 스타일	김 모락모락 연출, 음식 클로즈업, 따뜻한 조명, 윤기 있는 음식 질감 표현이 효과적이다.
추천 Prompt	"따끈한 음식 연기 강조, 고급 조명, 접시 클로즈업, 따뜻한 톤, 음식 질감 선명하게"

03. 뷰티 · 피부 관리 · 헤어

뷰티 업종은 고객이 전문성과 신뢰를 가장 중요하게 본다.

Before&After 이미지, 시술 안내문, 주의 사항 설명 등이 콘텐츠의 중심이며

AI는 이러한 문서를 전문적이고 부드러운 톤으로 자동 작성해 준다.

또한 Canva를 활용해 Before&After 카드 뉴스를 깔끔하게 정리하면 SNS·블로그 등에서 매우 높은 반응을 얻을 수 있다.

뷰티 분야에서는 과장 합성보다는 '자연스러운 보정'이 중요하며

AI로 디자인과 문구를 통일하면 신뢰도 높은 브랜드 이미지를 형성할 수 있다.

구분	핵심 포인트
주요 AI 도구	ChatGPT는 시술 설명·주의 사항·이벤트 문구를 전문가 스타일로 작성해주고, Canva는 Before&After 카드 뉴스 제작, Gemini는 고객 리뷰나 상담 내용을 분석해 통계를 만들어준다.
업종 특징	'전문성'과 '신뢰감'이 매우 중요하기 때문에 과장된 이미지보다 깔끔하고 자연스러운 시각 자료가 잘 맞는다.
활용 효과	시술 안내문을 전문적으로 보이게 만들 수 있고, 카드 뉴스를 꾸준히 올려 고객 신뢰를 쌓을 수 있다.
추천 콘텐츠	Before/After 비교 카드 뉴스, 시술 과정 설명 이미지, 이벤트 안내문.
추천 이미지 스타일	화이트톤 배경, 자연광 느낌, 피부 디테일 강조, 과도한 보정 없는 자연스러운 연출.
추천 Prompt	"화이트톤 뷰티 클리닉 느낌, 자연광, 부드러운 피부 질감 표현, 미니멀 디자인"

04. 교육업 · 강의

교육업은 포스터, 안내문, 커리큘럼, 시간표 등 반복적으로 만들어야 하는 문서가 많다.

AI는 이 부분을 가장 크게 도와주는 분야이며, ChatGPT를 활용하면 강의 소개문·커리큘럼을 자동 정리할 수 있고 Canva를 이용하면 10분 안에 교육 포스터를 만들 수 있다.

교육업은 정보 전달력과 시각적 정리가 중요하기 때문에 AI 기반 디자인은 빠르고 일관된 홍보 이미지를 제공한다.

구분	핵심 포인트
주요 AI 도구	ChatGPT는 강의 소개문·커리큘럼을 자동 생성하고, Canva는 교육 포스터·시간표 제작, DALL·E는 교육 관련 일러스트 생성에 유용하다.
업종 특징	강의 일정·포스터·커리큘럼 등 반복적으로 만들 문서가 많기 때문에 AI 효율이 가장 크게 나타나는 업종 중 하나다.
활용 효과	포스터 제작 시간이 10분 이내로 줄고, 커리큘럼 설명도 AI가 먼저 정리해주기 때문에 기획 과정이 훨씬 빨라진다.
추천 콘텐츠	강의 포스터, 커리큘럼 요약 카드 뉴스, 강의 홍보 문구.
추천 이미지 스타일	교육 느낌이 나는 아이콘·색상 조합, 굵은 제목, 깔끔한 정보 배열 방식.
추천 Prompt	"교육 포스터 스타일, 굵은 제목 배치, 현대적인 벡터 아이콘 활용, 파란색+노란색 색상 조합"

부동산은 시각적인 감성보다는 정보의 정리·가독성·신뢰성이 핵심이다.

AI를 활용하면 매물 설명 글, 입지 요약 이미지, 매물 체크리스트 등을 빠르게 생성할 수 있어 초보자도 전문가처럼 정리된 콘텐츠를 만들 수 있다.

또한 지역 데이터나 리뷰를 분석해 매물 장점·약점을 정리하는 데 AI는 매우 유용하다.

Canva 디자인과 결합하면, 매물 요약 이미지 한 장으로 SNS·블로그·플레이스에서 높은 효과를 낼 수 있다.

구분	핵심 포인트
주요 AI 도구	ChatGPT는 매물 설명을 전문적으로 작성하고, Canva는 입지를 한눈에 보여 주는 카드 뉴스 제작, Gemini는 동네 리뷰·환경 정보를 분석해 주는 데 유용하다.
업종 특징	감성보다 '정보의 정리'가 중요하기 때문에, 매물 정보를 이해하기 쉽게 요약하는 것이 핵심이다.
활용 효과	초보자도 전문가처럼 보이는 매물 소개 이미지·요약 자료를 단시간에 만들 수 있어 홍보 퀄리티가 크게 상승한다.
추천 콘텐츠	매물 핵심 요약 카드 뉴스(평수·학군·역세권·도보 시간 등), 단지 사진 요약 이미지, 매물 상세 설명 글.
추천 이미지 스타일	지도 기반 그래픽, 파란색·화이트톤 깔끔한 인포그래픽, 직관적인 아이콘 포함.
추천 Prompt	"깔끔한 부동산 인포그래픽, 파란색 톤, 아파트 건물 일러스트, 아이콘으로 도보거리 표시"

Chapter 8

AI 종류별 장점 · 단점 소개

AI는 목적에 따라 여러 형태로 나뉘며, 각 AI는 특화된 강점이 있는 반면, 사용 시 주의해야 할 단점도 존재한다.

마케팅·콘텐츠 제작·업무 자동화에 활용될 때 어떤 AI가 무엇에 강하고 약한지를 이해하면 효율성과 작업 품질 모두 향상된다.

아래는 현재 가장 널리 쓰이는 AI 유형을 중심으로 정리한 내용이다.

✔ AI 종류별 장단점 요약표

종류	AI	장점	단점	적합 분야
텍스트 AI	ChatGPT, Gemini, Grok, ZenSpark	글·문서·전략 생성 능력 뛰어남, 빠른 수정·재생성 가능, 초보자도 편하게 사용 Grok: 빠른 정보 기반 텍스트 생성 ZenSpark: 한국어 UX 최적화, 쉬운 문구 생성	사실과 다른 내용 발생 가능, 문체가 단조로울 때 있음, 도구 간 품질 차이 존재	블로그, 글쓰기, 공지문·소개문, 기획안·전략 문서, 광고·SNS 문구 제작
이미지 생성 AI	DALL·E, Midjourney, ZenSpark 이미지 기능	고퀄리티 이미지 제작, 촬영 없이 메뉴·포스터 생성, 일러스트·캐릭터 활용 가능 ZenSpark: 쉬운 한국어 프롬프트	얼굴·손 왜곡 가능, 과도한 합성은 신뢰 하락, 저작권 검토 필요	포스터·배너 디자인, 메뉴 이미지, 캐릭터· 일러스트, 카드 뉴스 배경
영상 · 숏폼 AI	PikaLabs, Runway	촬영 없이 영상 제작 가능, SNS 반응이 매우 높음, 짧은 홍보·감성 영상 제작에 강함	긴 영상 제작 어려움, 복잡한 장면 구현 한계	홍보 영상, 숏폼 콘텐츠, 이벤트·신메뉴 소개 영상
데이터· 업무 자동화 AI	Gemini, ChatGPT 고급 데이터 분석, Grok	매출·리뷰·고객 데이터 분석 우수, 보고서·요약 자동 생성, 반복 업무 대폭 감소 Grok: 빠른 검색·정보 요약 능력 강함	원본 데이터가 정확해야 함, 복잡한 파일 분석 시 오류 발생	월간 보고서, 상권·리뷰 분석, 반복 업무 자동화

인스타그램 완벽 가이드북

디지털 시대의 시각적 소통과 개인 브랜딩 전략

목차

Chapter 1. 기초 이해하기 ⋯ 38

Chapter 2. 앱 기본 기능 숙달 ⋯ 45

Chapter 3. 콘텐츠 제작 & 업로드 ⋯ 50

Chapter 4. 스토리 & 릴스 활용 ⋯ 55

Chapter 5. 성장 전략 ⋯ 61

Chapter 6. 소통 & 커뮤니티 ⋯ 65

Chapter 7. 비즈니스 계정 운영 ⋯ 69

Chapter 8. 고급 전략 ⋯ 72

Chapter 9. 마케팅 활용 ⋯ 76

Chapter 1

기초 이해하기

[Figure 1: Instagram 로고 – 전 세계 10억 명이 사용하는 글로벌 소셜 미디어 플랫폼]

본 이미지는 생성형 AI를 활용하여 제작된 이미지입니다.

01. 인스타그램 개요

1) 플랫폼의 역사와 발전

디지털 시대를 살아가는 현대인에게 인스타그램은 더 이상 낯선 플랫폼이 아닙니다. 2010년 10월 케빈 시스트롬(Kevin Systrom)과 마이크 크리거(Mike Krieger)에 의해 처음 출시된 이후, 인스타그램은 소셜 미디어 역사에서 가장 혁신적인 플랫폼 중 하나로 자리 잡았습니다.

초기 인스타그램은 단순한 사진 공유 애플리케이션에 불과했습니다. 빈티지 필터와 정사각형 사진 형식으로 차별화된 경험을 제공했던 초기 서비스는, 불과 몇 년 만에 전 세계 10억 명 이상의 사용자를 보유한 글로벌 소셜 미디어 플랫폼으로 성장했습니다.

2012년 페이스북에 10억 달러에 인수되는 것은 인스타그램의 새로운 전환점이 되었습니다. 페이스북의 막대한 자본과 기술적 지원으로 빠르게 기능을 확장할 수 있었고, 동영상 기능, 다중 이미지 업로드, 스토리 기능 등 지속적인 혁신을 통해 사용자들의 소통 방식을 근본적으로 변화시

켰습니다. 특히 2016년 도입된 스토리 기능은 일회성 콘텐츠의 새로운 트렌드를 만들어 내며 소셜 미디어 생태계에 큰 변화를 불러 왔습니다.

시간이 지나면서 인스타그램은 단순한 사진 공유 플랫폼을 넘어 인플루언서 마케팅, 비즈니스 프로모션, 개인 브랜딩의 중요한 채널로 자리 잡았습니다. 크리에이터들은 이 플랫폼을 통해 자신만의 콘텐츠와 브랜드를 구축할 수 있게 되었고, 기업들은 타겟 고객과 직접 소통할 수 있는 강력한 마케팅 도구로 활용하기 시작했습니다.

릴스(Reels) 기능의 도입은 인스타그램의 또 다른 혁신적 변화였습니다. 틱톡과 유사한 형태의 짧은 동영상 콘텐츠 기능은 특히 젊은 세대의 관심을 끌며 플랫폼의 영향력을 더욱 확대했습니다. 알고리즘 개선, AR 필터, 쇼핑 기능 등 끊임없는 기술적 혁신을 통해 인스타그램은 계속해서 진화하고 있으며, 2025년 현재에도 새로운 기능과 업데이트가 정기적으로 제공되고 있습니다.

2) 인스타그램의 핵심 특징

인스타그램이 다른 소셜 미디어와 차별화되는 이유는 무엇일까요? 그것은 바로 플랫폼의 근본적인 특징에 있습니다.

- 시각적 콘텐츠 중심: 사진과 동영상을 통한 직관적이고 신속한 소통이 가능합니다. 복잡한 텍스트 설명 없이도 한 장의 이미지만으로 메시지를 효과적으로 전달할 수 있습니다.
- 즉각적인 상호 작용: 좋아요, 댓글, 공유를 통한 실시간 피드백이 가능하며, 이러한 상호 작용이 콘텐츠의 가시성을 결정합니다.
- 창의적 표현 도구: 필터, 스티커, 효과, 텍스트 등 다양한 편집 기능으로 개인의 창의성을 충분히 표현할 수 있습니다.
- 커뮤니티 중심의 발견: 해시태그와 탐색 페이지를 통해 관심사를 공유하는 새로운 커뮤니티를 발견하고 연결할 수 있습니다.
- 알고리즘 기반 추천: 사용자의 관심사와 행동 패턴을 학습하여 개인화된 콘텐츠를 제공합니다.

3) 현대 디지털 커뮤니케이션에서의 중요성

현대의 디지털 시대에서 인스타그램의 역할은 점점 확대되고 있습니다. 이제 인스타그램은 단순한 소셜 미디어 플랫폼을 넘어 개인 브랜딩, 비즈니스 마케팅, 문화 교류의 중요한 채널로 자리 잡았습니다.

개인은 자신의 개성과 일상을 공유하며 자신만의 개인 브랜드를 구축할 수 있습니다. 그리고 기업은 고객과 직접 소통하고 실시간 피드백을 받을 수 있습니다. 크리에이터들은 자신의 작품을 세계에 선보이고 수익화할 기회를 얻게 됩니다. 인스타그램은 이러한 모든 목표를 가능하게 하는 강력한 플랫폼인 것입니다.

02. 계정 생성 및 설정

1) 기본 계정 생성 단계

인스타그램을 시작하기는 매우 간단합니다. 다음의 기본 단계를 따르면 누구나 몇 분 안에 계정을 만들 수 있습니다.

① 앱 다운로드: 스마트폰의 앱스토어(iOS) 또는 구글 플레이스토어(Android)에서 'Instagram' 검색 후 설치
② 회원가입: 이메일 주소, 전화번호, 또는 페이스북 계정을 통한 회원가입 시작
③ 개인정보 입력: 개인정보 보호를 위해 신중하게 이메일이나 연락처 입력
④ 사용자명 선택: 자신을 대표하는 독특하고 기억하기 쉬운 사용자명(아이디) 선택
⑤ 프로필 완성: 프로필 사진과 자기소개 작성 완료

회원가입에 사용하는 이메일이나 전화번호는 나중에 비밀번호를 재설정하거나 계정에 접속할 때 매우 중요하게 사용되므로, 실제로 자주 확인하는 연락처를 선택하는 것이 좋습니다.

2) 보안 설정

계정 보안은 결코 무시할 수 없는 중요한 요소입니다. 해킹이나 불법적 접근으로부터 계정을 보호하기 위해서는 초기 단계에서부터 철저한 보안 설정이 필요합니다.

● 강력한 비밀번호 설정
- 대문자, 소문자, 숫자, 특수문자를 조합하여 구성
- 최소 12자 이상의 충분한 길이 유지
- 본인의 개인정보(생일, 전화번호 등)와 무관한 무작위 문자 조합 사용
- 다른 온라인 계정과 중복되지 않는 고유한 비밀번호 사용

✪ 이중 인증(2FA) 활성화

- 계정 설정 → 보안 → 2단계 인증 또는 두 단계 인증 선택
- 문자 메시지 또는 인증 앱을 통한 추가 인증 단계 설정
- 로그인 시도가 있을 때 추가 확인 코드 요청
- 해킹이나 불법적 접근을 효과적으로 방지

3) 개인정보 보호 설정

계정의 공개 범위를 결정하는 것은 매우 중요한 선택입니다. 이는 귀하의 콘텐츠가 누구에게 노출되는지를 결정하기 때문입니다.

✪ 공개 계정의 특징

- 모든 사용자에게 프로필과 콘텐츠가 자유롭게 노출됨
- 해시태그 검색이나 위치 검색을 통해 새로운 사용자가 콘텐츠 발견 가능
- 비즈니스나 마케팅 목적, 개인 브랜딩을 원하는 경우에 유리
- 더 많은 잠재 팔로워 확보 가능

✪ 비공개 계정의 특징

- 본인이 승인한 팔로워만 프로필과 콘텐츠 볼 수 있음
- 팔로우 요청 시 승인/거절 선택 가능
- 개인적인 용도로 가족이나 친구끼리만 공유하고 싶을 때 적합
- 프라이버시 보호가 강화됨

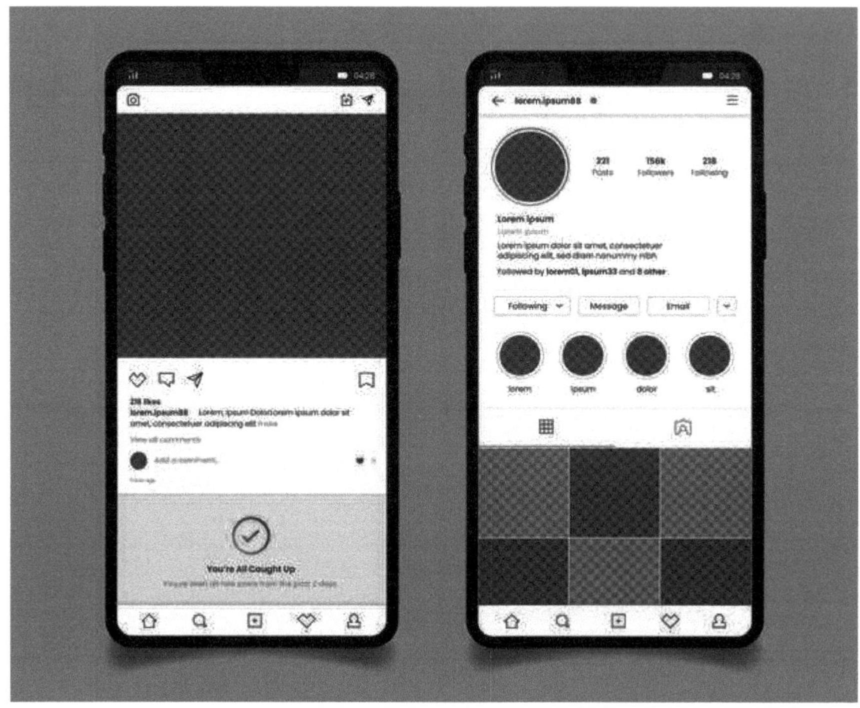

[Figure 2: Instagram 프로필 인터페이스 – 방문자의 첫인상을 결정하는 핵심 요소들]

본 이미지는 생성형 AI를 활용하여 제작된 이미지입니다.

1) 프로필 사진 선택의 중요성

프로필 사진은 방문자들이 가장 먼저 접하게 되는 시각적 요소입니다. 이 작은 원형 이미지는 당신의 정체성을 한눈에 전달해야 하기 때문에, 신중한 선택이 필요합니다.

✅ 효과적인 프로필 사진의 특징

- 깔끔하고 명확한 얼굴 사진 또는 브랜드를 대표하는 로고
- 높은 해상도와 뛰어난 선명도로 확대했을 때도 품질 유지
- 너무 복잡하거나 어두운 배경은 피하고 단순 명확하게 구성
- 작은 원형 공간에서도 주요 요소가 잘 드러나도록 설계
- 전문성을 드러낼 수 있으면서도 접근 가능한 이미지

2) 사용자명과 소개글 작성

❂ 사용자명(Username) 선택의 전략

사용자명은 당신의 계정을 검색하는 첫 번째 수단이 됩니다. 따라서 신중한 선택이 필요합니다.

- 기억하기 쉽고 검색이 용이한 간단한 이름
- 개성이나 브랜드를 충분히 반영하는 이름
- 가능하면 유튜브, 트위터, 블로그 등 다른 소셜 미디어 플랫폼과 동일성 유지
- 추후 변경이 어려울 수 있으므로 신중하게 고민

❂ 프로필 소개글(Bio) 작성의 전략

- 제한된 글자 수(약 150자) 내에서 핵심 메시지 전달: 당신이 누구인지, 무엇을 하는지 간결하게 설명
- 직업, 관심사, 특별한 가치 표현: 팔로워들이 당신의 콘텐츠 주제를 즉시 파악할 수 있도록 설정
- 이모티콘을 적절히 사용: 딱딱한 텍스트를 생동감 있게 만들고 시각적 구분 개선
- 웹사이트 링크나 LinkTree 활용: 하나의 링크 제약을 극복하고 다중 링크 추가

3) 계정 유형 선택

인스타그램은 세 가지 계정 유형을 제공하며, 각각 다른 기능과 목적을 지니고 있습니다. 당신의 목적에 맞는 계정 유형을 선택하는 것이 중요합니다.

기능	개인 계정	크리에이터 계정	비즈니스 계정
인사이트(분석) 도구	불가	가능	가능
광고 기능	불가	가능	가능
배너 링크 추가	불가	가능	가능
연락처 정보 표시	없음	선택	필수
개시자 기금 지원	불가	가능	불가

[Table 1: 인스타그램 계정 유형 비교표 – 각 유형별 주요 기능]

✪ 계정 유형별 추천 대상

- 개인 계정: 친구나 가족과만 콘텐츠를 공유하고 싶은 경우
- 크리에이터 계정: 콘텐츠 창작 활동으로 수익을 목표로 하는 경우, 팔로워 및 참여도 분석이 필요한 경우
- 비즈니스 계정: 기업 또는 소상공인으로서 제품/서비스를 홍보하는 경우, 고객 문의에 대응하는 경우

4) 프로필 하이라이트 설정

스토리 하이라이트는 프로필의 시각적 품격을 높이고, 중요한 정보를 지속적으로 노출할 수 있는 강력한 도구입니다.

✪ 하이라이트의 주요 이점

- 24시간 유효한 스토리를 영구적으로 프로필에 보존
- 카테고리별로 콘텐츠를 체계적으로 정리 가능
- 일관된 커버 이미지로 프로필의 미적 완성도 향상
- 중요한 정보, 제품 소개, 고객 후기 등을 지속적으로 노출

✪ 효과적인 하이라이트 구성 예시

① 소개: 자신이나 브랜드에 대한 기본 정보

② 제품/서비스: 핵심 상품이나 서비스 소개

③ 후기: 고객 리뷰 및 만족도 평가

④ 뒷이야기: Behind-the-scenes 콘텐츠로 친밀감 형성

⑤ 특가/이벤트: 진행 중인 프로모션 정보

⑥ 팁/조언: 유용한 정보 및 교육 콘텐츠

Chapter 2

앱 기본 기능 숙달

[Figure 3: Instagram 모바일 앱 인터페이스 – 직관적이고 사용하기 쉬운 디자인]

본 이미지는 생성형 AI를 활용하여 제작된 이미지입니다.

01. 앱 기본 사용법

1) 주요 메뉴 구성 및 기능

인스타그램 앱의 하단 메뉴바는 5개의 주요 섹션으로 구성되어 있습니다. 각 섹션의 기능을 이해하면 앱을 훨씬 효율적으로 사용할 수 있습니다.

- 홈(Home): 팔로우하는 계정들의 최신 게시물과 알고리즘이 추천하는 콘텐츠를 시간순으로 표시합니다. 인스타그램 접속 시 가장 많은 시간을 보내는 공간입니다.
- 검색/탐색(Search/Explore): 해시태그, 사용자명, 위치를 검색하거나 알고리즘이 추천하는 콘텐츠를 탐색합니다. 새로운 계정과 트렌드를 발견하는 데 유용합니다.

- 콘텐츠 생성(+): 새 게시물, 스토리, 릴스, 라이브 등을 만들 때 사용하는 시작점입니다. 당신의 창의성을 표현하는 중심입니다.
- 릴스(Reels): 틱톡 스타일의 15~90초 짧은 동영상 콘텐츠를 연속으로 감상합니다. 현재 인스타그램에서 가장 높은 도달률을 자랑하는 포맷입니다.
- 프로필(Profile): 개인 게시물, 팔로워 목록, 팔로잉 목록, 프로필 정보를 확인하고 수정합니다.

2) 홈 화면의 구조와 활용

홈 화면은 인스타그램에서 가장 중심이 되는 공간입니다. 여기서 일어나는 모든 상호 작용이 당신의 계정 성장에 영향을 미치기 때문입니다.

✅ 스토리 영역

- 홈 화면 최상단에 팔로우하는 사용자들의 프로필 원형 아이콘들이 표시됩니다.
- 아직 확인하지 않은 스토리는 컬러 테두리로 강조되어 새로운 콘텐츠가 있음을 알려줍니다.
- 각 프로필을 터치하여 스토리 확인 가능합니다.
- 스토리 게시자에게 메시지나 반응(이모티콘) 전송 가능합니다.

✅ 피드(Feed) 구성

- 각 게시물은 프로필 이미지, 사용자명, 게시 시간, 위치 정보를 포함합니다.
- 고해상도 이미지 또는 동영상 콘텐츠가 메인 시각 요소입니다.
- 좋아요 수, 캡션, 해시태그, 댓글 미리보기가 표시됩니다.
- 타임스탬프로 게시 시간을 확인할 수 있습니다.

02. 홈 화면 탐색

1) 알고리즘의 작동 방식 이해

인스타그램의 알고리즘은 매우 복잡하지만, 기본 원리를 이해하면 더 효과적으로 콘텐츠를 만들고 노출할 수 있습니다.

✪ 알고리즘이 고려하는 주요 요소

- 사용자의 과거 상호 작용 패턴: 당신이 좋아하고 댓글을 남기는 콘텐츠의 유형
- 팔로우하는 계정과의 관계 강도: 얼마나 자주 특정 계정과 상호 작용하는가
- 콘텐츠의 최신성: 최근에 게시된 콘텐츠가 우선 노출됨
- 관심사 및 검색 기록: 검색했던 주제나 계정들과 관련된 콘텐츠
- 게시물의 참여도: 좋아요, 댓글, 저장, 공유의 수와 비율
- 게시물 조회 시간: 해당 게시물을 얼마나 오래 보는가

03. 알림 및 메시지

1) 알림 시스템 관리

효율적인 알림 관리는 인스타그램 사용 경험을 훨씬 낫게 만들어줍니다.

✪ 주요 알림 타입

① 활동 알림: 좋아요, 댓글, 팔로우, 멘션 등 당신의 게시물에 대한 반응

② 메시지 알림: 다이렉트 메시지(DM) 수신 알림

③ 뉴스 알림: 팔로우하는 사용자의 주요 활동(새 게시물, 라이브 방송 시작 등)

④ 계정 알림: 보안 관련 알림, 시스템 업데이트 등

2) 다이렉트 메시지(DM) 활용법

DM은 인스타그램에서 개인적이고 깊이 있는 소통을 할 수 있는 중요한 도구입니다.

✪ DM의 주요 기능

- 텍스트 메시지 주고받기
- 사진, 동영상, 음성 메시지 전송
- 그룹 메시지로 여러 사람과 동시에 소통
- 음성 통화 및 화상 통화 지원(일부 국가에서만 가능)

✅ 효과적인 DM 사용법

- 상대방의 프라이버시 존중하기
- 전문적이면서도 친절한 톤 유지
- 가능한 24시간 이내에 빠른 응답하기
- 명확하고 간결한 메시지 작성으로 시간 존중
- 스팸성 메시지나 강압적 마케팅 메시지 절대 금지
- 필요시 그룹 메시지보다는 개인 메시지로 소통

04. 검색 및 탐색 기능

[Figure 4: 해시태그 전략 – 콘텐츠 발견의 핵심이 되는 검색 시스템]

본 이미지는 생성형 AI를 활용하여 제작된 이미지입니다.

1) 검색 기능의 효과적인 활용

검색 기능은 당신의 관심사를 탐색하고 새로운 커뮤니티를 발견하는 강력한 도구입니다.

✅ 다양한 검색 방법

- 키워드 검색: 구체적이고 관련성 높은 단어 사용으로 정확한 결과 획득
- 해시태그 검색: '#'으로 시작하는 주제별 검색으로 관심사 커뮤니티 발견

- 사용자 검색: 특정 계정명이나 개인명 검색으로 팔로우할 계정 찾기

- 위치 검색: 지역명을 통한 위치 기반 검색으로 로컬 커뮤니티 탐색

2) 탐색 페이지(Explore) 마스터하기

탐색 페이지는 알고리즘이 추천하는 개인화된 콘텐츠를 발견할 수 있는 최적의 공간입니다.

- 당신의 관심사와 과거 상호 작용을 바탕으로 한 개인화된 콘텐츠 큐레이션

- 현재 트렌딩 주제 및 인기 콘텐츠 실시간 제공

- 새로운 크리에이터와 흥미로운 계정 자연스러운 발견

- 특정 카테고리(음악, 음식, 여행, 패션 등)별 탐색 가능

- 정기적인 방문으로 최신 트렌드와 문화 파악 가능

Chapter 3

콘텐츠 제작 & 업로드

01. 게시물 올리기

1) 게시물 업로드의 기본 과정

인스타그램에 처음 게시물을 올려보겠습니다. 단계별로 따라가면 매우 간단합니다.

✅ 게시물 업로드 단계별 프로세스

① 앱 하단의 플러스(+) 또는 편집 버튼 클릭

② 갤러리에서 원하는 사진 또는 동영상 선택(최대 10개까지 조합 가능)

③ 필터 및 다양한 편집 옵션 적용

④ 밝기, 대비, 채도, 온도 등 세부 조정

⑤ 매력적인 캡션 작성

⑥ 관련 해시태그 추가(30개까지 권장)

⑦ 태그할 계정 선택 및 위치 추가

⑧ 최종 확인 후 '공유' 클릭

2) 게시물 품질 관리 기준

높은 품질의 콘텐츠는 더 높은 도달률과 참여도를 이끌어 냅니다.

✅ 이미지 품질 기준

- 최소 해상도: 1,080 × 1,080px(정사각형) 이상
- 고해상도 고품질 원본 사진 사용

- 밝기, 대비, 채도 조정으로 시각적 임팩트 강화

- 저작권 침해 없는 원본 또는 정당하게 라이선스 된 콘텐츠만 사용

- 가능한 자연광을 활용한 깔끔한 구성

✪ 동영상 기술 규격

- 권장 포맷: MP4 또는 MOV

- 카루셀 게시물: 최대 60초

- 일반 피드 동영상: 최대 60초

- 최소 해상도: 1,080 × 1,440px(세로 포맷)

- 안정적인 촬영으로 카메라 흔들림 최소화

- 명확한 오디오 품질 확보

02. 사진 및 동영상 업로드

1) 사진 포맷 선택 전략

서로 다른 이미지 포맷은 서로 다른 느낌과 효과를 전달합니다. 목적에 맞는 포맷을 선택합니다.

포맷	최적 사용	비율	특징
정사각형	피드 게시물	1:1	전통적이고 깔끔한 느낌, 보편적 선택
세로(틀 형식)	스토리/릴스	9:16	전체 화면을 활용, 몰입감 있음
가로(풍경)	풍경 사진	16:9	광활한 느낌, 대사관 구도 표현
세로 직사각형	모바일 최적화	4:5	최근 인스타그램 권장 비율

[Table 2: 인스타그램 이미지 포맷 비교 – 각 포맷의 최적 사용 목적]

2) 인스타그램 앱 내 동영상 편집 기능

인스타그램의 내장 편집 도구만으로도 충분히 멋진 영상을 만들 수 있습니다.

✪ 주요 편집 기능

- 클립 길이 조절 및 트리밍: 불필요한 부분 제거

- 동영상 속도 조절: 느리기(0.3배~1배), 빠르기(1배~3배) 설정으로 드라마틱 효과

- 필터 적용: 분위기에 맞는 필터로 전체 톤 변경
- 음악 추가 및 배경음 조정: 풍부한 음악 라이브러리 활용
- 텍스트 및 스티커 오버레이: 시각적 강조 및 정보 전달
- 효과 추가: 트랜지션, 텍스트 애니메이션, 시각 효과

3) 멀티 업로드의 전략적 활용

한 번에 여러 장의 사진이나 동영상을 공유하면 다양한 이점이 있습니다.

- 최대 10개의 미디어 파일을 조합하여 업로드 가능
- 사진과 동영상을 자유롭게 혼합할 수 있습니다.
- 캐러셀 형식으로 스와이프 상호 작용을 통한 스토리텔링 강화
- 팔로워들의 적극적 참여 유도(다음 슬라이드 보기 위해 스와이프)
- 하나의 게시물에서 다양한 각도나 주제 표현 가능

03. 캡션 작성법

1) 효과적인 캡션의 핵심 요소

캡션은 이미지만큼 중요합니다. 강력한 캡션은 좋아요와 댓글을 대폭 증가시킵니다.

✅ 캡션 작성의 핵심 원칙

① 진정성: 개인의 독특하고 진솔한 목소리를 드러내기. 인위적이거나 과장된 표현 피하기

② 간결성: 125~150자 범위의 적절한 길이로 핵심 메시지 전달

③ 호소력: 감정을 자극하고 적극적인 상호 작용 유도

④ 명확성: 이미지와의 명확한 연관성 유지로 이해도 높이기

⑤ 가치 전달: 정보, 감정, 영감, 엔터테인먼트 중 하나 이상 제공

2) 목적별 캡션 작성 팁

- 스토리텔링 캡션: 개인적 경험이나 흥미로운 에피소드를 공유하며 감정적 연결 형성 팔로워
  들의 공감과 참여 자연스럽게 유도
- 교육적 캡션: 유용한 팁, 노하우, 흥미로운 정보 제공. 이미지와 밀접하게 연관된 실질적 조

언으로 팔로워 가치 향상

- 인터랙티브 캡션: 질문을 던지거나 의견을 묻는 형식. 댓글을 통한 응답 유도로 알고리즘상 높은 평가 받기

3) 이모티콘 활용

이모티콘은 텍스트를 시각적으로 더 매력적으로 만들어줍니다.

- 적절한 이모티콘으로 감정과 분위기 효과적으로 표현
- 너무 많은 사용은 피하기(3~5개 권장)
- 콘텐츠의 분위기와 일치하는 이모티콘만 선택
- 이모티콘으로 텍스트 섹션을 시각적으로 구분하기
- 잘 알려진 이모티콘 사용으로 명확한 의미 전달

04. 게시물 태그 및 위치 추가

1) 사용자 태그의 전략적 활용

다른 사용자를 태그하면 그들의 팔로워에게도 자연스럽게 노출될 수 있습니다.

◈ 사용자 태그의 이점

- 해당 사용자의 팔로워들에게 자연스러운 콘텐츠 노출
- 태그된 사용자와의 네트워크 확장 및 협력 기회 창출
- 상호 호혜적 관계 형성으로 콘텐츠 접근성 증가
- 프로필 방문 및 새로운 팔로워 증가 기회

2) 위치 태그 전략

위치 정보를 추가하면 그 장소를 관심 있어 하는 사용자들에게 자연스럽게 노출됩니다.

◈ 효과적인 위치 태그의 이점

- 정확한 장소명으로 검색 용이성 크게 증대
- 특정 지역을 관심사로 하는 사용자들에게 자연스러운 노출

- 여행 명소, 카페, 레스토랑, 이벤트 관련 콘텐츠에 특히 효과적
- 위치 기반 커뮤니티 형성 및 지역 비즈니스 성장 지원

3) 태그와 위치 추가 시 주의 사항

① 무분별한 태그 사용은 지양하고 관련성 높은 태그만 선택

② 다른 사용자를 태그할 때 상대방의 사전 동의 최대한 구하기

③ 개인정보 보호를 고려하여 정확한 위치 공개 신중히 결정

④ 프라이버시 침해 시 상대방의 불쾌감 초래할 수 있으므로 주의

⑤ 광고성 태그 및 스팸성 태그는 절대 금지

Chapter 4

스토리 & 릴스 활용

[Figure 5: Instagram Stories – 24시간 임시 콘텐츠의 혁신적 포맷]

본 이미지는 생성형 AI를 활용하여 제작된 이미지입니다.

01. 스토리 활용

1) 스토리의 특징과 전략적 가치

스토리는 인스타그램에서 가장 창의적이고 즉흥적인 형태의 콘텐츠 표현 수단입니다.

✅ 스토리란 무엇인가?

- 24시간 동안만 존재하는 임시 콘텐츠
- 피드 게시물과는 다른 즉흥성과 생생함

- 완벽하지 않은 일상적 순간도 자유롭게 공유 가능

- 필터, 스티커, 텍스트, 그리기 등 다양한 창의적 도구 제공

✅ 스토리의 전략적 이점

- 친밀감 증대: 실시간 소통으로 팔로워와의 심리적 거리 단축

- 신속한 정보 전달: 새로운 기능, 제품, 이벤트를 빠르게 소개

- 낮은 진입장벽: 덜 완벽한 콘텐츠도 자유롭게 공유 가능

- 실시간 피드백: 팔로워들의 직접적인 반응 수집

- 상호 작용 기회: 다양한 스티커를 통한 양방향 소통

- 높은 도달 범위: 팔로워들의 홈페이지 최상단에 우선 노출

2) 스토리의 주요 기능 마스터하기

✅ 스티커 활용의 종류와 방법

스티커 종류	기능	활용 팁
위치 스티커	현재 위치 공유	여행/외출 콘텐츠에 필수
시간/날씨 스티커	시간 및 날씨 정보 표시	콘텐츠의 시간적 맥락 전달
질문 스티커	팔로워 의견 수렴	'이거 어떻게 생각해?' 형식
투표 스티커	선택지 제공하여 의견 수렴	YES/NO, 옵션 선택
음악 스티커	배경음악 추가	분위기 있는 영상 연출
멘션 스티커	특정 계정 태그	협업 또는 크레딧 표시
카운트다운	특정 이벤트까지의 날짜 표시	출시, 이벤트 기대감 조성

[Table 3: 인스타그램 스토리 스티커 종류 및 활용 방법]

✅ 필터와 효과 활용

- 수십 가지의 내장 필터로 빠르게 분위기 변경

- 따뜻한 톤/차가운 톤 필터로 감정 연출

- AR 필터를 통한 창의적이고 재미있는 표현

- 개발자 필터 사용으로 개인화된 브랜드 아이덴티티 표현

1) 대화형 스티커 마스터하기

대화형 스티커는 팔로워들과의 상호 작용을 크게 높일 수 있는 강력한 도구입니다.

✦ 질문 스티커의 활용

- 팔로워들의 의견과 피드백 수집
- '당신의 생각은?', '어떤 것이 더 나을까?' 등 열린 질문으로 참여 유도
- 팔로워들의 응답을 피드백으로 활용하여 향후 콘텐츠 개선
- 커뮤니티 형성에 크게 기여

✦ 투표 스티커의 활용

- 간단한 선택지(YES/NO, 옵션 A/옵션 B) 제공
- 팔로워들의 선호도와 의견 실시간 파악
- 재미있는 게임이나 심플한 투표로 참여 자연스럽게 유도
- 결과 공개로 친밀한 소통 기회 제공

2) 창의적 표현 도구 활용

✦ 드로잉 도구

- 자유로운 그림 그리기로 개인의 창의성 발휘
- 텍스트 메시지에 강조 표현이나 밑줄 추가
- 주의 환기가 필요한 부분에 화살표나 동그라미 표시

✦ GIF 스티커

- 재미있는 움직이는 이미지 삽입으로 시각적 재미 증대
- 감정과 분위기를 효과적으로 표현
- 콘텐츠의 생동감과 매력도 증대

03. 스토리 하이라이트 관리

1) 프로필 하이라이트의 역할

스토리 하이라이트는 프로필을 방문한 사람들에게 중요한 정보를 지속적으로 전달합니다.

◆ 하이라이트의 주요 이점

- 24시간 후 자동으로 사라지는 스토리를 영구적으로 프로필에 보존
- 프로필 하단에 표시되는 카테고리 형태로 체계적인 콘텐츠 정리
- 방문자들이 당신의 다양한 측면을 한눈에 파악 가능
- 중요한 정보를 지속적으로 노출할 수 있는 공간

2) 효과적인 하이라이트 구성

전략적인 하이라이트 구성은 프로필을 방문한 사람들에게 깊은 인상을 줍니다.

◆ 성공적인 하이라이트 카테고리 구성

① 소개: 자신이나 브랜드에 대한 기본 정보와 철학

② 제품/서비스: 핵심 상품 또는 서비스 상세 소개

③ 고객 후기: 고객 리뷰, 추천사, 만족도 평가

④ 뒷이야기: Behind-the-scenes 콘텐츠로 친밀감 형성

⑤ 특가/이벤트: 진행 중인 프로모션, 세일, 이벤트 정보

⑥ 팁/조언: 유용한 정보, 교육 콘텐츠, 노하우 공유

3) 전문적인 하이라이트 커버 디자인

일관된 디자인으로 프로필의 시각적 완성도를 높입니다.

- 카테고리별로 일관된 배경색 사용
- 명확하고 읽기 쉬운 폰트 선택
- 각 하이라이트를 쉽게 인식할 수 있는 아이콘이나 텍스트 사용
- 브랜드 아이덴티티를 반영한 디자인 통일
- 고해상도 이미지 사용으로 전문성 강화

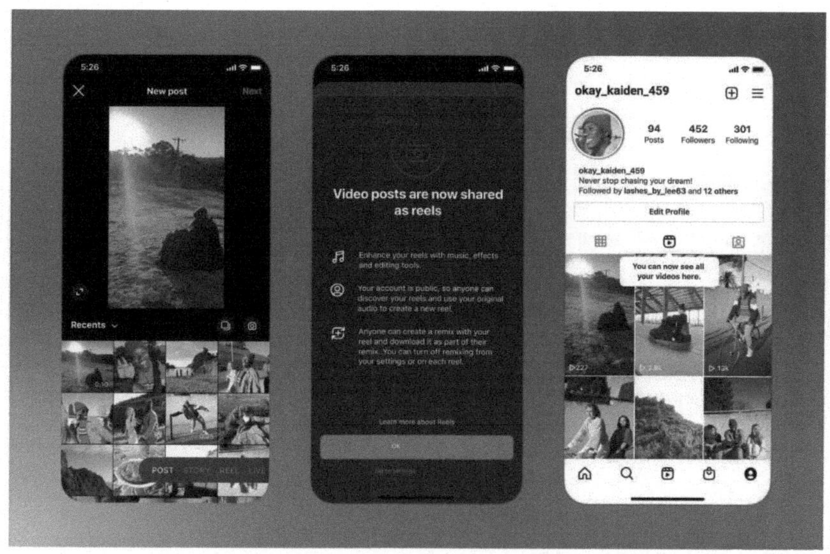

[Figure 6: Instagram Reels – 짧은 형식 동영상의 강력한 플랫폼]

본 이미지는 생성형 AI를 활용하여 제작된 이미지입니다.

1) 릴스의 특징과 전략적 중요성

현재 인스타그램에서 가장 강력한 알고리즘 지원을 받는 콘텐츠 포맷이 바로 릴스입니다.

✔ 릴스란 무엇인가?

- 15초에서 90초 사이의 짧은 동영상 콘텐츠
- 음악, 다양한 효과, 전문적인 편집 도구 제공
- 틱톡과 유사한 형식으로 특히 젊은 세대에 높은 인기
- 릴스 섹션을 통해 팔로워가 아닌 사용자에게도 광범위하게 노출

✔ 릴스의 알고리즘 이점

- 인스타그램이 현재 가장 우선순위 높게 평가하는 콘텐츠 포맷
- 피드와 탐색 페이지에 우선적으로 노출
- 팔로워 수 관계없이 높은 도달 범위 달성 가능
- 바이럴 가능성이 가장 높은 콘텐츠 타입

2) 효과적인 릴스 제작 전략

✪ 릴스 제작의 핵심 팁
- 길이 최적화: 15~30초 범위가 가장 효과적(너무 긴 영상은 완시율 낮음)
- 첫 3초 중요성: 초반 3초 안에 시청자 관심 사로잡아야 끝까지 본다.
- 트렌디한 음악 선택: 인기 있는 음악으로 알고리즘 가산점 획득
- 콘텐츠와의 조화: 음악이 콘텐츠 톤과 일치하도록 신중하게 선택
- 고화질 확보: 선명하고 안정적인 영상 품질로 프로페셔널함 표현
- 안정적인 촬영: 삼각대나 짐벌 활용으로 흔들림 최소화
- 자막 추가: 음소거 상태에서도 콘텐츠 이해 가능하도록 구성
- 명확한 콜 투 액션: '좋아요 눌러 주세요.', '댓글 남겨 주세요.' 등 명확한 행동 유도

3) 비즈니스를 위한 릴스 마케팅 전략

✪ 효과적인 릴스 콘텐츠 유형
- 제품 소개 및 데모: 제품 사용법을 짧고 임팩트 있게 보여 주기
- 교육적 콘텐츠: 유용한 팁이나 노하우 30초 안에 전달
- 뒤에 scenes 콘텐츠: 일상적 작업 과정으로 팬 형성
- 고객 후기 및 추천사: 만족한 고객들의 음성 활용
- 트렌드 참여 및 챌린지: 현재 인기 있는 트렌드에 창의적으로 참여

Chapter 5

성장 전략

01. 해시태그 전략

1) 해시태그의 근본적 이해

해시태그는 인스타그램에서 콘텐츠를 발견할 수 있게 만드는 중요한 도구 중 하나입니다.

● 해시태그란 무엇인가?

- '#'으로 시작하는 키워드 기반의 태그 시스템
- 콘텐츠를 특정 주제나 카테고리와 의미 있게 연결
- 관심사를 가진 사용자들이 특정 주제의 모든 게시물을 찾을 수 있는 검색 통로
- 인스타그램의 발견 경제(Discovery Economy)의 핵심

● 해시태그의 전략적 역할

① 콘텐츠 발견 가능성을 크게 증대시킵니다.

② 관심 있는 커뮤니티와의 의미 있는 연결을 가능하게 합니다.

③ 인스타그램 알고리즘에 콘텐츠 주제를 명확하게 신호합니다.

④ 개인 또는 브랜드의 핵심 메시지를 강화합니다.

⑤ 최신 트렌드에 대한 참여 기회를 제공합니다.

1) 마케팅에서의 해시태그 역할

효과적인 해시태그 전략은 당신의 콘텐츠를 얼마나 많은 사람에게 전달할 수 있는지를 결정합니다.

◆ 도달 범위 확대의 메커니즘
- 검색 기능을 통한 자연스럽고 유기적인 노출
- 관심사를 공유하는 사용자들의 자발적 발견
- 해시태그 팔로우 기능으로 장기적 노출 가능성
- 콘텐츠 바이럴 및 입소문의 기초 형성

◆ 커뮤니티 형성
- 비슷한 관심사를 가진 사용자들과의 의미 있는 연결
- 특정 주제로 통합된 커뮤니티 문화 형성
- 공동체 의식 강화로 팬 기반 확장

2) 데이터 기반 해시태그 성과 분석

◆ 성과 분석의 핵심 요소
- 어떤 해시태그가 더 많은 도달을 끌어내는지 추적
- 참여율이 높은 해시태그 식별 및 우선 사용
- 시간에 따른 해시태그 트렌드 변화 추적
- A/B 테스트를 통한 해시태그 효과성 검증
- 경쟁 계정의 해시태그 전략 분석

1) 효과적인 해시태그 리서치 프로세스

올바른 해시태그를 선택하는 것은 데이터에 기반한 체계적인 과정입니다.

✔ **효과적인 리서치 5단계**

① 검색창에 관련 키워드 입력하여 인스타그램 자동 추천 해시태그 확인

② 인스타그램 검색 결과에서 추천 해시태그 탐색

③ 비슷한 분야의 성공 계정들이 사용하는 해시태그 분석

④ 해시태그 분석 전문 도구 활용(Later, RiteTag, Hashtagify 등)

⑤ 트렌딩 해시태그와 니치 해시태그의 최적 조합 구성

2) 해시태그 크기별 분류와 조합 전략

모든 해시태그가 같은 가치를 가지지는 않습니다. 크기에 따라 전략적으로 조합해야 합니다.

종류	게시물 수	경쟁도	사용 비율
대형 해시태그	100만 이상	매우 높음	20~30%
중형 해시태그	10만~100만	중간	40~50%
소형 해시태그	1만~10만	낮음	15~25%
니치 해시태그	1천~1만	매우 낮음	5~10%

[Table 4: 해시태그 크기별 특징 및 최적 사용 비율]

✔ **해시태그 조합 전략**

- 대형 태그(20~30%): 100만 개 이상 게시물 – 광범위한 노출 기회 제공

- 중형 태그(40~50%): 10만~100만 개 게시물 – 높은 가시성과 타겟팅의 균형

- 소형 태그(15~25%): 1만~10만 개 게시물 – 관심 있는 사용자에게 높은 도달률

- 니치 태그(5~10%): 1천~1만 개 게시물 – 당신의 특정 분야 전문가 위치 확보

04. 해시태그 사용 사례

1) 분야별 성공적인 해시태그 활용 예시

실제 사례를 통해 해시태그 전략의 효과를 확인할 수 있습니다.

◉ 여행 블로거의 해시태그 전략

- 광범위 태그: #여행 #트래블그램 #인생샷 #여행스타그램

- 지역 태그: #서울여행 #제주도 #강남카페 #강남맛집

- 시즌 태그: #여름여행 #겨울경주 #봄벚꽃

- 브랜드 태그: #나의여행노트(고유 해시태그로 팬 형성)

➡ **결과**: 1년 만에 5만 팔로워 확보, 지속적인 성장으로 브랜드 확립

◉ 요리 인플루언서의 해시태그 전략

- 기본 태그: #요리 #레시피 #홈쿠킹 #음식스타그램

- 세부 태그: #건강한한끼 #초보요리사 #당일정식 #고기요리

- 참여 태그: 요리 관련 챌린지 및 트렌딩 태그

- 계절 태그: #겨울밥상 #여름시원한요리

➡ **결과**: 높은 참여율과 충성도 높은 니치 커뮤니티 형성

Chapter 6

소통 & 커뮤니티

01. 소통 매뉴얼

1) 진정성 있는 소통의 기본 원칙

인스타그램에서의 성공은 결국 인간관계에서 비롯됩니다. 진정성 있는 소통이 그 기반입니다.

❖ 소통의 5가지 핵심 원칙

① 존중: 모든 팔로워를 그들의 개성과 의견 그대로 소중히 여기기

② 진정성: 개인의 진솔한 목소리 유지하며 인위적 표현 지양

③ 일관성: 시간이 지나도 변하지 않는 일관된 소통 방식 유지

④ 신속성: 가능한 빠른 응답으로 상대의 시간을 존중하고 신뢰 구축

⑤ 투명성: 개방적이고 정직한 커뮤니케이션으로 진정한 관계 형성

2) 상호 작용의 다양한 방법

- 댓글 달기 및 응답: 일상적이면서도 가장 직접적인 상호 작용
- 다이렉트 메시지 활용: 개인적이고 깊이 있는 1:1 소통
- 라이브 방송 진행: 실시간으로 팬들과 직접 상호 작용
- 스토리 응답 기능: 빠르고 캐주얼한 피드백 제공
- 공동 게시물 작성: 다른 크리에이터와의 협업으로 새로운 가치 창출

1) 효과적인 댓글 관리 전략

댓글은 당신의 프로페셔널리즘과 인격을 드러내는 중요한 창입니다.

◆ **댓글 대응의 핵심 원칙**
- 신속한 응답: 가능한 12시간 이내에 대응하여 상대방의 관심과 소중함 표현
- 개인화된 답변: 일반적이고 템플릿 같은 댓글 피하고 개인적 응답
- 진심 어린 참여: 상대방과 실질적인 대화 나누며 진정성 표현
- 건설적 태도: 비판적 의견에 감정 섞지 않고 전문적으로 대응

2) 부정적 댓글과 악의적 댓글 대처법

모든 댓글이 긍정적은 아닙니다. 부정적 댓글에 대한 현명한 대응이 필요합니다.

◆ **건설적인 비판에 대한 대처**
- 감정적으로 반응하지 않기
- 상대방의 의견 이해하기 위해 충분히 들어주기
- 차분하고 전문적인 톤 유지
- 상대의 지적이 타당하다면 인정하고 개선 의지 표현
- 필요하면 개인 메시지로 이동하여 깊이 있게 논의

◆ **악의적 댓글 대처**
- 절대로 감정적인 반박이나 싸움 지양
- 플랫폼의 차단 및 숨김 기능 활용
- 심각한 경우 신고 기능 사용
- 그 외에는 무시하고 건설적 댓글에만 집중

1) 효과적인 DM 사용법

DM은 피드백이나 비공개적 상호 작용이 필요할 때 매우 유용합니다.

❖ DM의 주요 활용 목적
- 일대일 개인적 소통: 피드백이나 개인적 이야기 나누기
- 비즈니스 협력 기회 제시: 협업, 광고, 후원 등 제안
- 팬과 깊이 있는 관계 형성: 개인적 팬 미팅이나 상담
- 문제 해결 및 고객 서비스: 민원 처리나 고객 지원
- 네트워크 확장: 같은 분야의 전문가나 인플루언서와 관계 구축

2) 전문적인 DM 에티켓

❖ 전문성과 존중을 유지하는 DM 원칙
- 상대방의 시간을 존중하며 명확하고 간결한 메시지 작성
- 개인정보 보호를 최우선으로 생각
- 스팸성 메시지나 강압적 마케팅 메시지는 절대 금지
- 친절하면서도 정중한 톤 유지
- 마크 셀이나 멘션 없이 자신을 먼저 소개
- 상대방이 답변할 충분한 시간 제공
- 무분별한 링크 공유나 광고 금지

04. 커뮤니티 구축하기

1) 장기적 커뮤니티 전략

팔로워는 단순 숫자가 아니라 당신의 가치와 비전을 함께 믿는 공동체입니다.

✅ 커뮤니티 형성의 5가지 핵심 요소

① 진정성: 개인의 진솔한 이야기와 가치관 공유

② 일관성: 정기적이고 안정적인 콘텐츠 업데이트

③ 상호 작용: 팔로워와의 양방향 적극적 소통

④ 가치 제공: 정보, 영감, 엔터테인먼트 중 하나 이상 지속 제공

⑤ 포용성: 다양성 존중과 따뜻한 환영으로 안전한 공간 형성

2) 커뮤니티 활성화 방법

✅ 이벤트와 챌린지 운영
- 정기적인 소주제 콘테스트로 팬 참여 유도
- 팔로워 참여 챌린지로 높은 참여도 달성
- 공동 프로젝트 진행으로 협력 강화
- 특별한 날 기념 이벤트로 커뮤니티 응집력 강화

✅ 라이브 방송 활용
- 실시간 Q&A 세션으로 즉각적 소통
- 제품 출시 또는 중대 소식 생중계
- 뒤에 scenes 콘텐츠로 친밀감 형성
- 게스트를 초대하여 다양한 관점 제시

Chapter 7

비즈니스 계정 운영

01. 인사이트 분석

1) 비즈니스 계정의 분석 도구

비즈니스 또는 크리에이터 계정으로 전환하면 상세한 분석 도구에 접근할 수 있습니다.

● 제공되는 주요 분석 도구
- 팔로워 인구통계학적 정보: 나이, 성별, 위치, 언어 등
- 게시물별 성과 추적: 개별 게시물의 도달, 노출, 참여 수치
- 도달 범위 및 노출 분석: 콘텐츠가 얼마나 많은 사용자에게 전달되었는지
- 참여율 측정: 좋아요, 댓글, 저장, 공유의 실시간 추적
- 트래픽 소스 분석: 프로필 방문이 어디서 오는지 파악
- 스토리 분석: 스토리별 조회, 이탈, 클릭 데이터
- 릴스 성과: 릴스별 도달 및 평균 완시율

2) 인사이트 확인 방법

● 인사이트 접근 절차
① 프로필 탭(프로필 사진) 선택
② 우측 상단 메뉴(≡) 또는 설정 아이콘 클릭
③ '인사이트' 옵션 선택
④ 원하는 기간(7일, 30일, 90일) 및 지표 선택
⑤ 상세 데이터 분석 시작

1) 핵심 성과 지표(KPI) 이해

✅ 팔로워 관련 지표

지표	정의	활용 목적
팔로워 수	현재 총 팔로워 규모	계정 규모 평가
팔로워 증가율	일정 기간 팔로워 변화	성장 추세 파악
팔로워 유출률	언팔로우 된 계정 수	콘텐츠 만족도 평가
팔로워 인구통계	연령, 성별, 지역 정보	타겟 오디언스 파악

[Table 5: 팔로워 관련 주요 지표 및 활용]

✅ 참여 관련 지표
- 도달 범위(Reach): 콘텐츠를 본 고유 사용자의 총수/실제 노출 규모 파악
- 노출(Impressions): 콘텐츠가 표시된 총횟수. 같은 사용자가 여러 번 본 경우도 계산
- 참여도(Engagement): 좋아요, 댓글, 저장, 공유의 합계. 콘텐츠 매력도 평가
- 참여율: 도달 범위 대비 참여도의 비율. 콘텐츠 효율성 측정

2) 시간대별 분석과 활용

✅ 최적 게시 시간 파악
- 팔로워들이 가장 활발한 시간대를 식별
- 시간대별 도달 범위를 비교하여 패턴 발견
- 주중과 주말의 활동 차이 분석
- 계절별 트렌드 변화 추적
- 최적 게시 시간에 중요한 콘텐츠 업로드 전략 수립

1) 데이터 해석과 인사이트 도출

수집된 데이터는 전략 수립의 기초가 됩니다.

❂ 데이터 분석 5단계 프로세스

① 데이터 수집 및 정리: 인사이트에서 확인한 수치를 체계적으로 기록

② 패턴 인식 및 트렌드 파악: 시간에 따른 변화와 반복되는 패턴 발견

③ 성공 요인 분석: 높은 성과를 낸 콘텐츠의 공통점 식별

④ 개선 기회 식별: 낮은 성과 콘텐츠의 문제점 파악

⑤ 행동 계획 수립: 인사이트를 바탕으로 구체적 개선 전략 수립

2) A/B 테스트를 통한 최적화

❂ 효과적인 A/B 테스트 실시

- 한 가지 변수만 변경하여 그 영향을 정확히 측정
- 충분한 표본 크기 확보(최소 100~300개 게시물)
- 일정 기간(최소 2주) 동안 테스트 진행
- 결과 수치 비교·분석
- 성공한 전략을 이후 콘텐츠에 지속 적용

❂ 테스트 예시

- 게시 시간 변경: 아침 9시 vs 오후 6시
- 콘텐츠 형식: 사진 vs 동영상 vs 캐러셀
- 캡션 길이: 짧은 캡션 vs 긴 캡션
- 해시태그 수: 10개 vs 30개 vs 50개
- CTA(행동 유도): '댓글 남겨 주세요.' vs '저장해 두세요.'

Chapter 8

고급 전략

1) 체계적인 계정 운영 체계 구축

성공하는 계정들은 모두 체계적인 운영 체계를 갖추고 있습니다.

❖ 효과적인 운영 체계의 기본 요소

- 명확한 목표 설정: 월간/분기별 팔로워 수, 참여율, 수익 목표 수립
- 타겟 팔로워 정의: 나이, 성별, 지역, 관심사 명확히 하기
- 콘텐츠 주제 결정: 5~10가지 핵심 주제 중심으로 콘텐츠 구성
- 게시 빈도 설정: 주 3~5회 정기적 업로드로 알고리즘 호의 얻기
- 성과 평가 기준 수립: 월간 검토할 구체적 지표 정의

2) 시각적 일관성 유지를 통한 브랜드 구축

프로필 전체가 하나의 작품처럼 통일된 미학을 보여 줄 때 강한 인상을 남깁니다.

❖ 브랜드 아이덴티티 구축 요소

① 색상 팔레트 선택: 2~3가지 대표 색상으로 모든 콘텐츠 통일

② 필터 스타일 표준화: 같거나 유사한 필터 사용으로 톤 유지

③ 이미지 구도 일관성: 특정 구도나 프레이밍 스타일 반복

④ 텍스트 스타일 표준화: 폰트, 크기, 배치 방식 일관되게 유지

⑤ 전체 프로필 미적 완성도: 그리드 뷰에서 봤을 때 조화로운 전체 구성

1) 효과적인 콘텐츠 캘린더 작성

계획 없는 활동은 일관성을 잃기 쉽습니다. 체계적인 콘텐츠 캘린더가 필수입니다.

✅ 콘텐츠 계획의 3단계

❶ 월별 주제 계획

- 각 달의 캠페인 또는 중점 주제 미리 선정
- 계절과 문화 행사(크리스마스, 새해, 개교기념일 등) 고려
- 팔로워 특성에 맞는 주제 선택
- 예: 1월(새해 목표), 3월(봄 패션), 12월(연말 감사) 등

❷ 주간 콘텐츠 배분

- 다양한 콘텐츠 유형 균형 있게 배분(게시물, 스토리, 릴스, 라이브)
- 요일별로 특정 주제나 콘텐츠 유형 배정
- 참여율 높은 콘텐츠를 전략적으로 배치
- 예: 월요일(동기부여), 수요일(팁), 금요일(재미있는 콘텐츠)

❸ 일일 작업 계획

- 최적의 게시 시간대에 콘텐츠 업로드
- 댓글 관리와 응답 시간 확보
- 팔로워 소통 및 상호 작용 시간 설정
- 다음날 콘텐츠 준비 및 리뷰 시간

2) 콘텐츠 다양성 관리

콘텐츠 유형	콘텐츠 유형	게시 비율	예시
제품/서비스 소개	마케팅	40%	제품 사진, 기능 설명
교육/정보	가치 제공	30%	팁, 노하우, 뉴스
개인 스토리	관계 형성	20%	일상, 뒷이야기
뒷이야기/재미	참여 유도	10%	유머, 게임, 챌린지

[Table 6: 콘텐츠 유형별 최적 배분 비율]

1) 오가닉 팔로워 성장 전략

지속 가능한 성장은 광고보다는 좋은 콘텐츠에서 시작됩니다.

● 콘텐츠 품질 중심의 성장

- 고품질의 시각적 콘텐츠: 프로페셔널한 사진과 비디오 제작
- 일관된 비주얼 테마: 스타일과 톤의 일관성 유지
- 가치 있는 메시지 전달: 실용적인 정보 또는 감정적 연결
- 정기적인 업로드: 최소 주 3회 이상의 안정적인 활동

2) 상호 작용을 통한 커뮤니티 활성화

● 활발한 커뮤니티 활동 전략

- 유사 계정과 상호 팔로우 및 상호 좋아요
- 의미 있는 댓글 달기로 관계 형성
- 다른 크리에이터와 협업 모색
- 팔로워들의 콘텐츠 재공유 및 참여 유도
- 정기적 라이브 방송으로 실시간 소통

3) 협업과 크로스 프로모션

● 효과적인 협업 전략

- 비슷한 가치관과 타겟 오디언스를 가진 계정 선택
- 게스트 포스팅으로 새로운 팔로워 유입
- 공동 라이브 방송으로 상호 팬 소개
- 팔로우 및 콘텐츠 공유를 통한 상호 지원
- 인플루언서와 협업으로 신뢰도 향상

1) 강력한 브랜드 정체성 수립

개인 또는 기업의 정체성이 명확할 때 팬들의 충성도가 높아집니다.

● 비주얼 브랜딩 요소 구성

① 로고 또는 상징 이미지: 개인을 대표하는 시각적 기호 개발

② 일관된 색상 팔레트: 2~3가지 주요 색상으로 모든 콘텐츠 통일

③ 특정 필터 또는 편집 스타일: 독특한 영상미 표현

④ 타이포그래피 선택: 특정 폰트 스타일로 텍스트 일관성 유지

⑤ 커뮤니케이션 톤 앤드 매너: 캡션, 댓글, DM에서 일관된 말투와 스타일

2) 장기적 브랜드 이미지 관리

● 정기적 검토 및 개선 프로세스

- 6개월마다 브랜드 이미지 감사 실시

- 시장 트렌드와 팬 피드백 반영하여 필요하면 개선

- 새로운 요소 시험적 도입 후 반응 평가

- 브랜드 핵심 가치는 유지하되 미세 조정으로 신선함 유지

- 팔로워 의견을 적극적으로 수렴하여 진화 방향 결정

Chapter 9

마케팅 활용

01. 홍보·마케팅 활용

1) 인스타그램 마케팅의 기본 원칙

마케팅은 팔로워를 '고객'이 아닌 '커뮤니티의 일원'으로 대할 때 가장 효과적입니다.

✅ 마케팅 목표 설정의 핵심
- 브랜드 인지도 증대: 더 많은 사람에게 당신을 알리기
- 웹사이트 트래픽 증가: 인스타그램에서 온라인 상점으로 유입 늘리기
- 제품/서비스 판매 증대: 직접적인 매출 증가
- 리드 생성 및 고객 확보: 이메일, 전화번호 등 고객정보 수집
- 커뮤니티 형성: 브랜드 애호가들의 충성도 높은 커뮤니티 구축

2) 인플루언서 마케팅 활용

✅ 효과적인 인플루언서 선택 기준
- 팔로워 수보다는 참여율과 팬의 충성도 중시
- 브랜드와의 가치관 일치도 평가
- 타겟 고객층 구성 일치도 확인
- 과거 협업 사례와 성과 검토
- 진정한 팬 기반인지 '매크로' 확인

✅ 협업 형태

- 스폰서드 게시물: 영향력자가 제품을 사용하고 장점 소개
- 제품 리뷰: 객관적인 평가와 의견 제시
- 공동 콘텐츠 제작: 함께 기획하고 제작한 콘텐츠
- 장기 브랜드 앰버서더: 지속적 파트너십으로 신뢰도 구축

02. 인스타그램 광고 개요

1) 광고 플랫폼의 이점

인스타그램 광고는 정밀한 타겟팅과 유연한 예산 관리가 가능한 강력한 도구입니다.

✅ 인스타그램 광고의 주요 장점

- 정밀한 타겟팅 옵션: 나이, 지역, 관심사, 행동 등 세부 타겟팅 가능
- 다양한 광고 포맷: 이미지, 동영상, 캐러셀, 스토리 등 선택 가능
- 실시간 성과 추적: 광고비 대비 얼마의 효과가 있는지 즉각적 파악
- 유연한 예산 관리: 일일/월간 예산 설정으로 비용 통제 가능
- 높은 전환율: 페이스북 광고 플랫폼의 강력한 추적 시스템 활용

2) 광고 유형별 활용

✅ 주요 광고 포맷의 특징

광고 유형	특징	최적 목표
이미지 광고	정적 이미지로 간단히 표현	브랜드 인지도
동영상 광고	30초 이내 영상으로 스토리 전달	제품 데모, 감정 자극
캐러셀 광고	여러 이미지를 스와이프하며 표현	제품 비교, 다양한 특징
스토리 광고	전체 화면 세로 형식	즉각적 반응 유도
릴스 광고	짧은 동영상 형식	젊은 층 타겟팅

[Table 7: 인스타그램 광고 유형 및 최적 활용 목표]

3) 성공적인 광고 캠페인 전략

✪ 효과적인 광고 집행 프로세스

① 인스타그램은 단순한 소셜 미디어 플랫폼을 넘어 현대 디지털 커뮤니케이션의 중심입니다. 개인의 창의성을 표현하고, 비즈니스를 성장시키고, 의미 있는 커뮤니티를 형성할 수 있는 강력한 도구입니다.

② 이 가이드에서 제시된 전략들을 체계적으로 실행하면서도, 무엇보다 중요한 것은 진정성입니다. 알고리즘과 기술적 전략도 중요하지만, 팔로워들과 진심으로 소통하고 가치 있는 콘텐츠를 지속적으로 제공하는 것이 장기적인 성공의 열쇠입니다.

③ 당신만의 독특한 목소리를 찾고, 그것을 일관되게 표현하며, 팔로워들과 깊이 있는 관계를 만들어 가길 바랍니다. 인스타그램에서의 성공은 단거리 경주가 아닌 장거리 마라톤입니다. 꾸준한 노력과 창의성, 그리고 진정성으로 당신의 인스타그램 계정을 성공의 여정으로 만들어 보세요.

✪ 참고자료

본 교재에 언급된 Instagram, Reels, Stories 등은 Meta Platforms, Inc.의 상표입니다. 본 교재는 교육 목적의 자료로, 특정 기업이나 플랫폼의 공식 입장을 대변하지 않습니다.

✪ 인스타그램 공식 채널

- 인스타그램 공식 헬프 센터: help.instagram.com
- 인스타그램 비즈니스 블로그: business.instagram.com
- 인스타그램 크리에이터 스튜디오: creators.instagram.com

제 4 장

블로그 마케팅 파트 구성안

목차

Chapter 1. 블로그 마케팅 기획 및 전략 수립(왜, 무엇을) … 82

Chapter 2. 블로그 개설 및 기본 정보 설정(준비 완료) … 85

Chapter 3. 포스팅 기본 실습 및 스마트에디터 활용 … 86

Chapter 4. 포스팅 심화 편집 및 환경 관리 … 90

Chapter 5. 검색 로직 및 키워드 최적화 심화(SEO) … 103

Chapter 6. 고성과 콘텐츠 전략 및 잠재 고객 전환(CRO) … 105

Chapter 7. 블로그 수익화 및 비즈니스 확장 전략 … 107

Chapter 8. 지역 기반 & 로컬 검색 최적화(Local SEO) … 110

Chapter 9. 타 채널 연동 및 모바일 시너지 전략 … 112

Chapter 10. 안정적인 운영과 위기 대응 매뉴얼 … 115

학습정리 및 참고자료 … 118

Chapter 1

블로그 마케팅 기획 및 전략 수립 (왜, 무엇을)

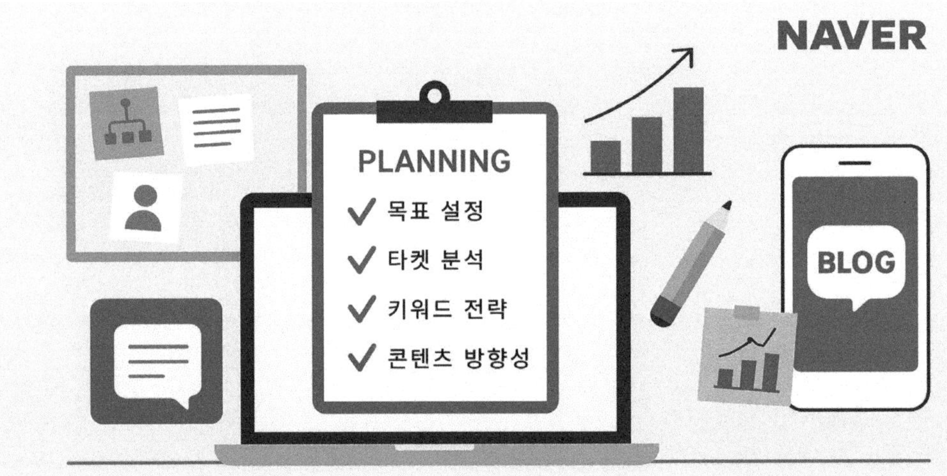

본 이미지는 생성형 AI를 활용하여 제작된 이미지입니다.

✅ 학습 목표

블로그의 가치를 이해하고, 나의 비즈니스 목표와 일관된 브랜드 페르소나를 명확히 구축하여 마케팅의 방향성을 설정할 수 있다.

01. 블로그 마케팅의 강력한 3가지 강점

✅ 신뢰도 높은 브랜딩 채널 구축

광고가 아닌 정보 제공을 통해 고객과의 신뢰를 쌓고 브랜드를 전문가로 인식하게 만듭니다.

❂ 높은 검색 점유율 활용 및 잠재 고객 확보

네이버 검색을 통해 '필요한 정보'를 찾는 잠재 고객에게 브랜드를 직접 노출하고 관계를 형성합니다.

❂ 고객과의 지속적인 관계 형성 및 팬덤 구축

댓글, 공감 등 소통을 통해 고객 충성도를 높이고 재방문율을 증가시킵니다.

02. 나에게 맞는 블로그 마케팅 목표 설정

목표 종류	주요 목적	주요 콘텐츠 전략
브랜딩(인지도/이미지)	회사/개인의 전문성 및 인지도 높이기	최신 동향 분석, 업계 인사이트 등 전문성 콘텐츠 발행
제품 판매(구매 유도)	특정 제품 판매 증진 및 구매 전환율 높이기	제품 사용 후기, 활용 방법, 고객 Q&A 등 후기/활용 콘텐츠 제작
고객 DB 확보(정보 수집)	잠재 고객의 이메일/ 연락처 정보 획득	무료 E-book, 자료 제공을 미끼로 한 리드 마그넷 콘텐츠 활용

03. 브랜드 페르소나 및 톤앤매너 설정(일관성 확보)

블로그 글이 일관된 목소리를 갖도록 페르소나를 명확히 설정합니다.

❂ 페르소나란?

고대 그리스 연극의 가면에서 유래해, 심리학·마케팅 등에서 '외부에 드러내는 나의 모습'을 뜻합니다. 마케팅에서는 실제 구매자 인터뷰 등을 바탕으로 한 '구매자 페르소나'를 설정해 타깃을 구체화합니다.

❂ 톤앤매너란?

브랜드나 개인이 대중에게 자신을 어떻게 표현하고자 하는지에 대한 일관된 스타일과 태도를 의미합니다.

- 전문성(지식): '데이터 기반 분석가', '10년 실전 전문가' 등 정보의 깊이와 신뢰도를 결정합니다.
- 톤(친밀도): '친절한 선생님 톤', '친근한 언니/오빠 톤' 등 독자와의 관계를 설정합니다.
- 비주얼(디자인): 블로그의 대표 컬러와 폰트를 정하여 시각적 일관성을 유지합니다.

본 이미지는 생성형 AI를 활용하여 제작된 이미지입니다.

Chapter 2

블로그 개설 및 기본 정보 설정
(준비 완료)

❖ 학습 목표

네이버 블로그를 생성하고, 블로그 이름, 프로필 등 기본적인 정보를 설정하여 콘텐츠 발행을 위한 환경을 구축할 수 있다.

01. 블로그 개설 및 기본 정보 설정(블로그 시작하기)

- 웨일 브라우저 설치하기: 네이버 서비스에 최적화된 브라우저를 설치하여 관리 효율을 높입니다.
- 블로그 만들기: 네이버 ID를 사용하여 블로그를 생성합니다.
- 블로그 정보 변경하기: 기본 설정 -> 블로그 이름, 별명, 소개글 설정 및 프로필 사진 변경
- 블로그 스킨 변경하기: 관리 -> 꾸미기 설정에서 기본 스킨을 선택합니다.

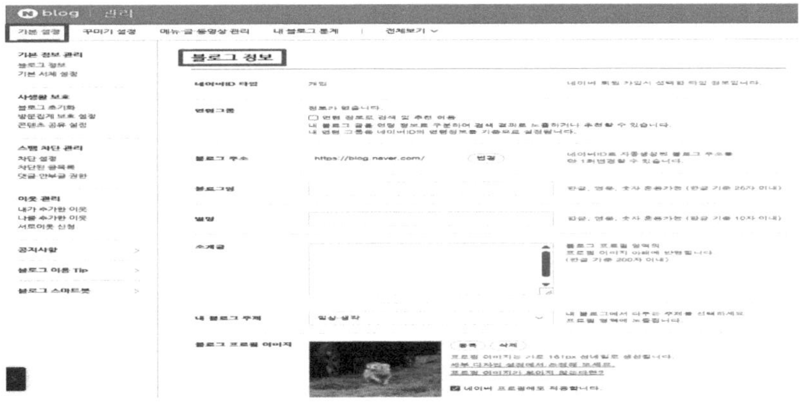

본 이미지는 블로그 글쓰기 연습을 위한 설명 목적으로 네이버 블로그 서비스 화면을 캡처한 이미지입니다.

Chapter 3

포스팅 기본 실습 및 스마트 에디터 활용

✔ 학습 목표

스마트에디터의 핵심 기능을 숙달하여 텍스트, 미디어, 지도, 링크 등을 활용하고, 글을 시각적으로 꾸미는 기초 편집 기술을 완벽하게 익힐 수 있다.

01. 블로그 글쓰기 시작 및 콘텐츠 첨부

✔ 블로그에 글쓰기

스마트에디터를 열고 글쓰기를 시작합니다.

✔ 타이틀 변경하기

작성 중인 글의 타이틀(제목)을 독자의 클릭을 유도하는 매력적인 제목으로 작성합니다.

✔ 블로그 내용과 사진 첨부 하기

PC나 스마트폰에서 촬영한 사진을 업로드하고, 내용과 사진을 교체하거나 삭제하는 기능을 익힙니다.

✔ 동영상 올리기, 유튜브 영상 링크 가져오기

직접 촬영한 동영상 파일을 업로드하거나, 유튜브 영상 링크 가져오기 기능을 활용하여 포스팅에 삽입합니다.

✅ 지도 첨부하기

스마트에디터의 장소 기능을 활용하여 정확한 위치 정보를 첨부합니다.

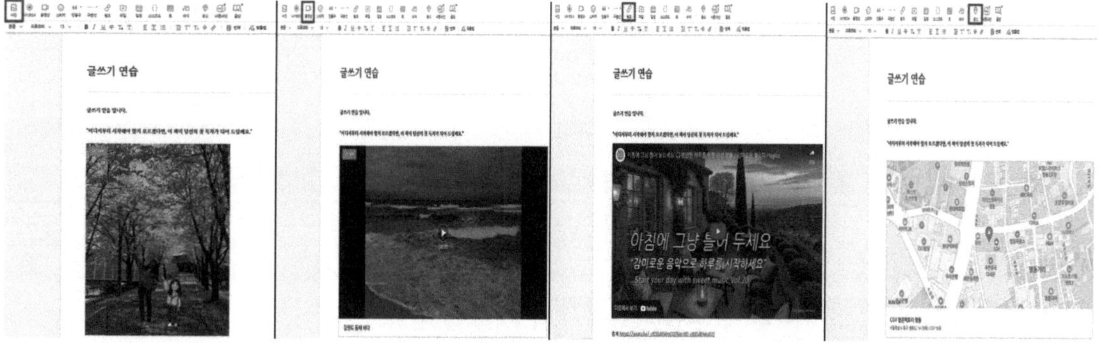

본 이미지는 블로그 글쓰기 연습을 위해 YouTube 'HP Music' 채널의 원본 영상 화면을 캡처한 설명용 이미지이며,
저작권은 해당 채널에 있습니다.

02. 에디터 꾸미기 및 글감 활용(가독성 확보 기초)

✅ 제목 꾸미기, 본문 꾸미기

글의 제목 폰트, 크기, 색상 등을 통일하고, 본문의 핵심 문장은 볼드체로 강조하며 문단 구분을
명확히 합니다.

✅ 인용구, 구분선, 표 넣기와 변경하기

인용구, 구분선, 표 기능을 활용하여 중요 정리 포인트를 본문과 구분하고 시각적인 구조를 명확
히 합니다.

✅ 글감과 템플릿 활용하기

- 글감 기능으로 뉴스, 책, 영화 등의 정보를 첨부하고,
- 템플릿 기능으로 포스팅 초안의 구조를 빠르게 잡습니다.

본 이미지는 블로그 글쓰기 연습을 위한 설명 목적으로 네이버 블로그 서비스 화면을 캡처한 이미지입니다.

03. 폰트 및 사진에 링크 연동하기(전화/문자 포함)

포스팅에 액션 버튼을 삽입하여 독자의 직접적인 행동을 유도합니다.

✔ 폰트 및 사진에 링크 연동하기

텍스트나 사진을 클릭했을 때 원하는 외부 URL로 이동하도록 링크를 연결합니다.

✔ 전화 연결링크, 문자 메시지 링크하기

오프라인 비즈니스의 경우, CTA(Call-to-Action) 문구에 전화번호나 문자 메시지를 바로 보낼
수 있는 하이퍼링크를 걸어 잠재 고객의 직접적인 문의를 유도합니다.

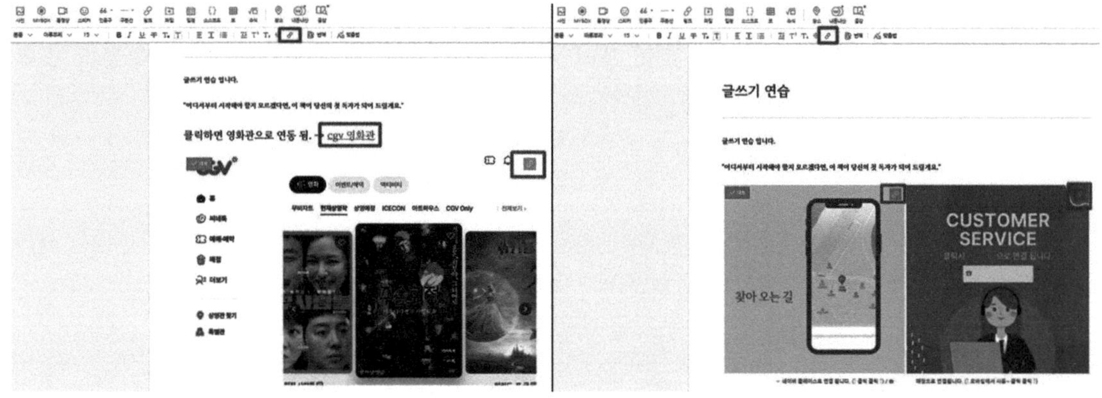

본 이미지는 블로그 글쓰기 연습을 위한 설명 목적으로 CGV 서비스 화면을 캡처한 이미지입니다.

04. 블로그 발행(맞춤법 및 키워드 활용)

◆ 맞춤법 검사

발행 전 반드시 스마트에디터의 맞춤법 검사 기능을 사용하여 오탈자를 제거합니다.

◆ 키워드 활용

포스팅 제목과 본문(태그 포함)에 핵심/롱테일 키워드를 자연스럽게 배치했는지 최종 점검합니다.

Chapter 4

포스팅 심화 편집 및 환경 관리

❷ 학습 목표

스마트에디터 내장 기능을 활용하여 사진을 전문적으로 편집하고, 블로그의 카테고리/위젯 등 관리 구조를 설정하여 콘텐츠의 수명과 효율성을 높일 수 있다.

01. 스마트에디터로 사진 편집하기(심화)

외부 프로그램 없이 스마트에디터 내에서 사진의 품질을 관리하고 보정하는 방법을 익힙니다.

❷ 사진 크기 변경, 자르기, 회전

사진을 원하는 크기로 변경하고, 구도에 맞게 자르거나 회전합니다.

❷ 필터 적용, 사진 보정

필터나 밝기, 대비 보정 기능을 활용하여 사진의 퀄리티를 향상시킵니다.

❷ 사진에 텍스트 추가, 서명 활용하기

사진 위에 설명 문구를 넣고, 블로그 이름이나 로고를 삽입하는 서명 기능을 활용하여 저작권을 보호하고 브랜드를 노출합니다.

❷ 사진 수정 및 교체하기(콜라주, 슬라이드 등)
- 콜라주/슬라이드 기능: 여러 장의 사진을 묶어 콜라주나 슬라이드 형태로 편집하여 공간 활용도를 높이고 시각적 흥미를 유발합니다.

- 옆트임/문서너비 설정: 사진의 크기 조절 옵션(옆트임, 문서너비)을 활용하여 모바일 가독성을 고려한 이미지 배치를 실습합니다.

본 이미지는 블로그 글쓰기 연습을 위한 설명 목적으로 네이버 블로그 서비스 화면을 캡처한 이미지입니다.

02. 세부 디자인 및 관리 구조 설정(카테고리, 위젯)

블로그 운영의 효율성과 디자인 완성도를 높이기 위한 설정입니다.

(1) 카테고리 및 프롤로그 설정(메뉴 글 동영상 관리)
- 게시글 카테고리 이동하기: 작성된 글의 카테고리를 변경하여 체계적인 분류를 유지합니다.

(2) 세부 디자인 & 레이아웃 설정
- 세부 디자인 변경하기: 관리 -> 꾸미기 설정 -> 세부 디자인 설정
- 내 디자인으로 스킨 배경 및 타이틀 변경하기: 블로그 상단의 스킨 배경과 타이틀 영역에 브랜드를 상징하는 이미지를 등록하고 문구를 변경합니다.
- 레이아웃 변경하기: 관리에서 레이아웃 위젯 설정에서 블로그의 기본 구조와 위젯 위치를 조정하여 가독성 높은 본문 영역을 확보합니다.

(3) 심화 실습 위젯 만들기(홈페이지형 블로그 구현)
- 위젯 만들기 핵심 원리: 사이드바에 투명 이미지를 배치하고, 그 위에 HTML 〈map〉 태그를 이용해 보이지 않는 클릭 영역(좌표)을 덮어씌워 링크를 연결합니다.

◉ 심화 실습 – 위젯 만들기(홈페이지형 블로그 구현)
'투명 이미지 + HTML map 태그' 원리를 초보자도 이해하기 쉽게 설명.

1) 위젯 만들기의 핵심 개념 2가지

(1) 투명 이미지(Transparent Image)를 사이드바에 올린다.

- 투명 이미지는 보이진 않지만 '자리를 차지하고 있는 이미지'라고 생각하면 됨
- 이 이미지를 사이드바(블로그 오른쪽 영역)에 올려두면
- ➡ 나중에 우리가 클릭 영역을 덧씌울 '판' 역할을 한다.

즉, 투명 이미지는 클릭 가능한 영역을 마음대로 만들기 위한 바탕판!

(2) HTML <map> 태그로 '보이지 않는 버튼(클릭 영역)'을 만든다.

- 〈map〉 태그는 이미지 위에 원하는 모양, 원하는 위치에 클릭 가능한 영역을 만들어 주는 명령어
- 이 영역은 눈에 보이지 않지만
- ➡ 우리가 정한 좌표(x, y)에 클릭 기능(링크)이 붙는다.

즉, 눈에 안 보이는 버튼을 이미지 위에 여러 개 만들 수 있다!

2) 왜 이것을 쓰면 '홈페이지 같은 블로그'가 될까?

일반 블로그는 '세로로 글이 쌓이는 구조'
하지만 홈페이지는 '각 메뉴를 눌러 이동'하는 구조
➡ 투명 이미지 + map 태그를 활용하면
사이드바 안에 메뉴처럼 보이는 클릭 버튼들을 원하는 위치에 배치할 수 있음!
결과적으로
➡ 네이버 블로그가 홈페이지처럼 바뀌는 효과!

3) 실습: 초보자를 위한 따라하기 단계

● STEP 1. 투명 이미지 준비하기

투명 이미지는 PNG 형식으로, 완전 투명(0%)이어야 함 →

사이드바 모양에 맞게 크기 조절(예: 170px × 원하는 높이)

※ 미리캔버스에서 사이즈 직접 입력하고 투명 배경 창 눌러서 다운로드 받으면 됩니다.

본 이미지는 블로그 글쓰기 연습을 위한 설명 목적으로 미리캔버스 서비스 화면을 캡처한 이미지입니다.

● STEP 2. 블로그에 투명 이미지 넣어 비공개 글 저장하기

① 블로그 글쓰기 → 투명창 넣고 비공개로 발행하기

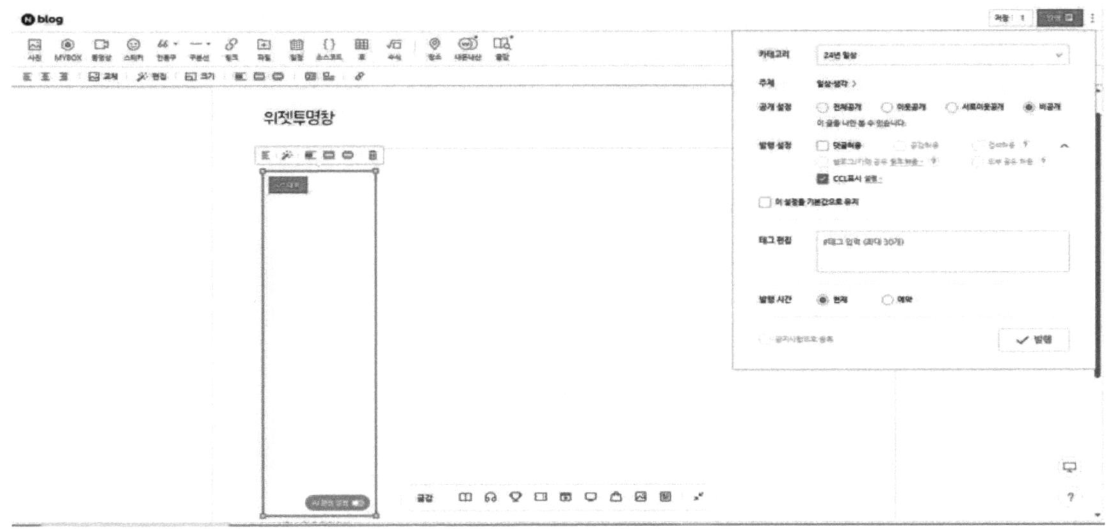

본 이미지는 블로그 글쓰기 연습을 위한 설명 목적으로 네이버 블로그 서비스 화면을 캡처한 이미지입니다.

② 블로그 관리 → 꾸미기 설정 → 레이아웃 와이드형으로 선택 후,

③ 타이틀 체크 표시 해제

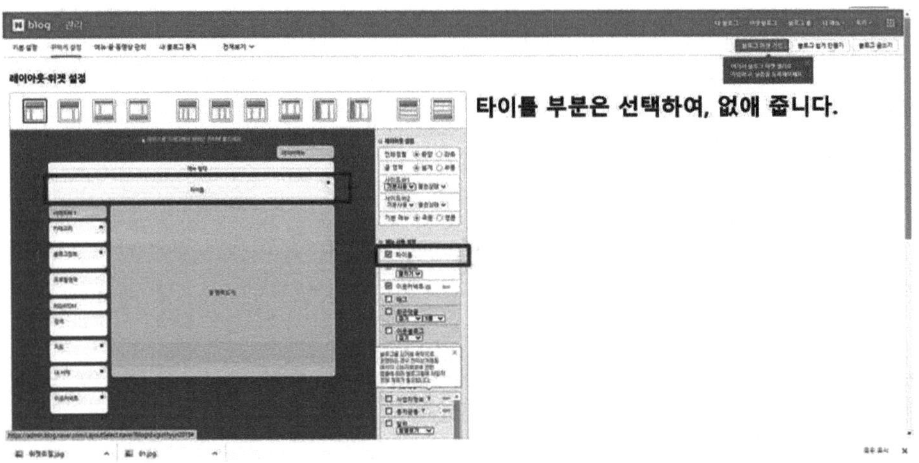

본 이미지는 블로그 글쓰기 연습을 위한 설명 목적으로 네이버 블로그 서비스 화면을 캡처한 이미지입니다.

④ 위젯 직접 등록으로 가서 위젯을 순번을 매기며 등록한다. 필요 개수에 따라 하면 됩니다.

- 1개만 필요하면 1개만(1개의 위젯에서 다중 링크를 걸 경우),
- 5개가 필요하면 5개를 등록하면 됩니다.

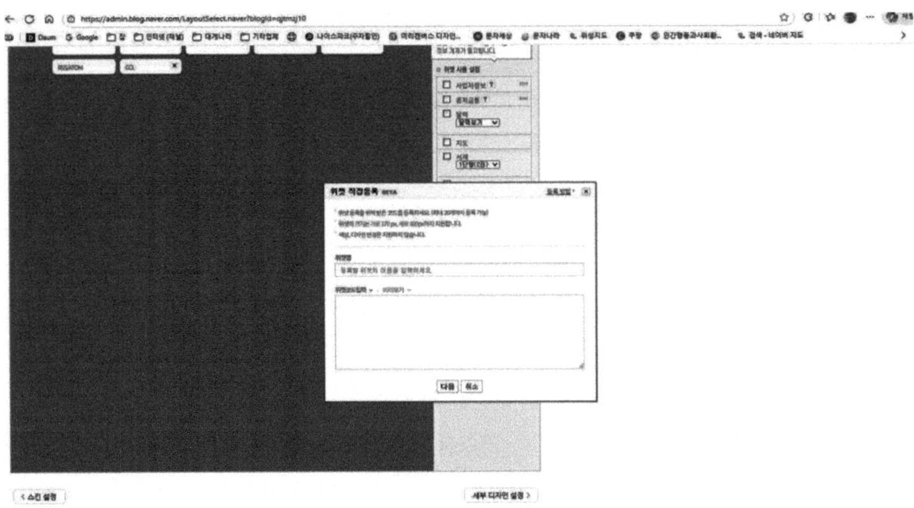

본 이미지는 블로그 글쓰기 연습을 위한 설명 목적으로 네이버 블로그 서비스 화면을 캡처한 이미지입니다.

❷ 레이아웃 〈와이드형〉으로 변경 시 위젯 소스

〈table width="170"〉〈tbody〉〈tr〉〈td width="170"height="100"/〉〈/tr〉〈/tbody〉〈/table〉

위의 위젯 소스에서 각자 상황(블로그 대문 세로 길이)에 맞게 Height 부분의 숫자만 변경해 주면 됩니다.

앞서 알려 드렸던 소스를 그대로 복사해서 붙인 후, 늘리고자 하는 길이 부분의(height) 숫자만 변경해 주신 후, 600으로 변경해서 진행하겠습니다.

〈table width="170"〉〈tbody〉〈tr〉〈td width="170"height="600"/〉〈/tr〉〈/tbody〉〈/table〉

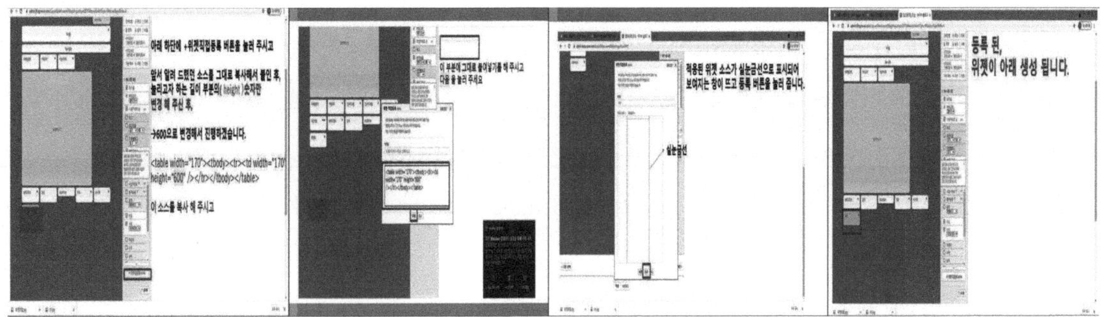

본 이미지는 블로그 글쓰기 연습을 위한 설명 목적으로 네이버 블로그 서비스 화면을 캡처한 이미지입니다.

위젯 5개가 필요한 경우는 동일한 방법으로 동일한 사이즈의 위젯을 4개를 더 만들어 줍니다.
위젯 1, 2, 3, 4, 5번을 만들어 줍니다.

위젯등록_블로그는 **총 10개 위젯** 사용 가능합니다.

아래 등록된 위젯은 마우스로 클릭 후, 움직여서 원하는 위치로 이동합니다.

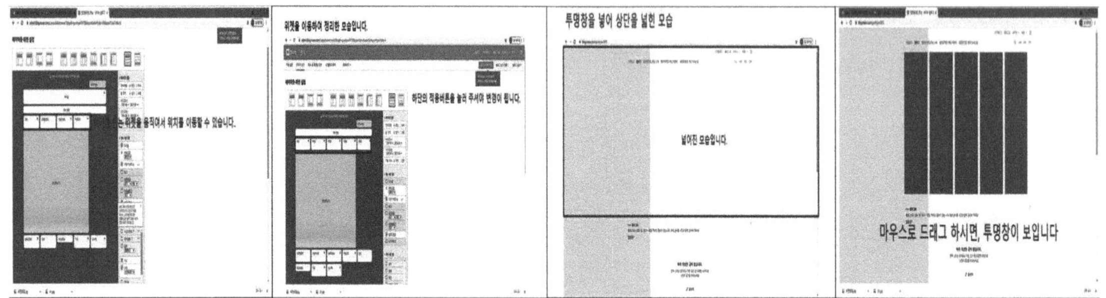

본 이미지는 블로그 글쓰기 연습을 위한 설명 목적으로 네이버 블로그 서비스 화면을 캡처한 이미지입니다.

발행한 글의, 투명 이미지의 주소를 확인 후, 메모해 둔다.
투명창 이미지 위에 마우스를 올리고 오른쪽 버튼 클릭 후, 이미지 링크 복사 클릭.

https://postfiles.pstatic.net/MjAyNTEyMDZfMTQ0/MDAxNzY0OTg0MDM3NDI1.cr
QtFRi079OrFo6iYDbG-6jXDCYCs9kFzqHz28O1aZAg.e_Kspg47uOPwEaJ6TZdGFYg
4fYMK5GolsXSwX3QgxhMg.PNG/%EC%A0%9C%EB%AA%A9%EC%9D%84_%EC
%9E%85%EB%A0%A5%ED%95%B4%EC%A3%BC%EC%84%B8%EC%9A%94._(49).
png?type=w966

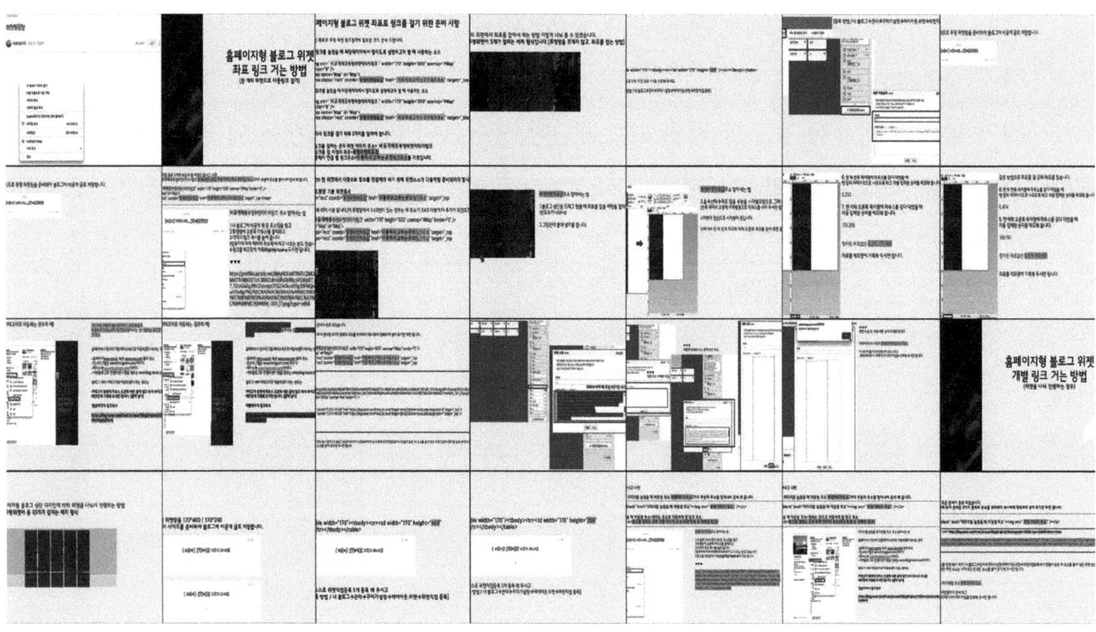

본 이미지는 블로그 글쓰기 연습을 위한 설명 목적으로 네이버 블로그 서비스 화면을 캡처한 이미지입니다.

4) 초보자에게 알려 주는 팁!

* TIP 1. 클릭 영역 좌표 쉽게 찾는 법 그림판/캔바/포토샵 등에서 투명 이미지를 열고
* TIP 2. 디자인은 HTML이 아니라 '배경 이미지'에서 한다.

5) 결과물: 이렇게 보이게 된다.

- 사이드바에 '여러 메뉴가 정렬된 것처럼 보이고'
- 각 메뉴를 누르면 원하는 카테고리나 페이지로 이동

즉, 네이버 블로그가 '홈페이지 메뉴바'를 가지는 형태가 됨!

→ 마우스를 움직이면 좌표가 표시됨.

→ 메뉴 버튼이 들어갈 위치를 체크해서 'Coords 값'으로 넣으면 됨.

메일 메뉴 디자인은 투명 이미지 대신 실제 디자인된 이미지를 사용하면 더 쉬움.

→ 클릭 영역만 HTML로 추가하면 아주 깔끔한 홈페이지형 메뉴 완성.

본 이미지는 블로그 글쓰기 연습을 위한 설명 목적으로 네이버 블로그 서비스 화면을 캡처한 이미지입니다.

⬤ 위젯 직접 등록하기(외부 채널)

관리 → 위젯 직접 등록 메뉴를 활용하여 외부 채널 연결용 HTML 소스를 삽입합니다.

⬤ 블로그에서 인스타그램이나 홈페이지를 위젯으로 연결하는 방법!

연결하고자 하는 위젯의 로고를 준비해야 합니다. (사이즈 170px × 170px로 규격화)

위젯은 HTML 소스로 운영되기 때문에 복잡합니다.

하단에 들어갈 위젯 소스를 메모장에 준비해 두고 복사해서 사용하시면 됩니다.

〈a href="링크될 사이트나 SNS 주소"target="_blank"〉〈img src="위젯 이미지 저장된 사이트 주소"Width="170"〉〈/a〉

✔ 개인 인스타그램을 위젯으로 연결해 보겠습니다.

① 인스타그램의 로고를 준비합니다. (준비해서 공유해 줍니다.)

② 로고를 170px × 170px로 맞춰 줍니다(미리캔버스).

여기까지 준비가 완료되었다면, 블로그를 로그인합니다.

미리캔버스 실행 → 디자인 만들기 → 직접 입력 → 170 × 170 입력해 줍니다.

본 이미지는 블로그 글쓰기 연습을 위한 설명 목적으로 미리캔버스 서비스 화면을 캡처한 이미지입니다.

170px × 170px 사이즈로 만들어진 페이지가 만들어졌습니다.

이제 업로드 메뉴로 인스타그램 로고를 업로드합니다.

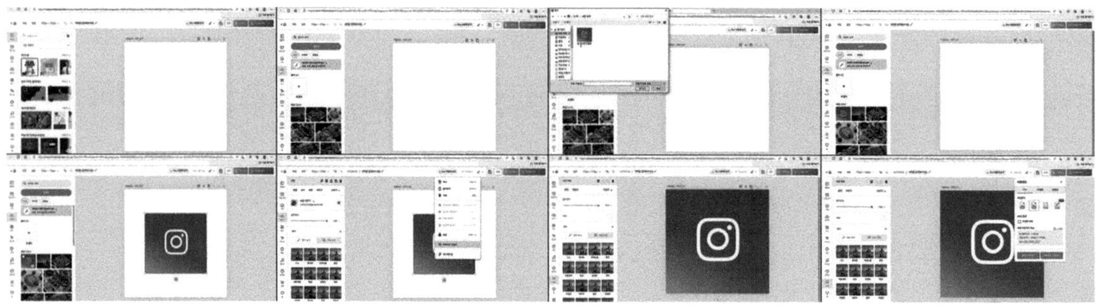

본 이미지는 블로그 글쓰기 연습을 위한 설명 목적으로 미리캔버스 서비스 화면에서 인스타그램 로고를 활용한 편집 과정을 캡처한 이미지입니다.

이제 블로그 하단 위젯을 달기 위한 기본 작업이 완료되었습니다.

블로그에 로그인을 한 후, 글쓰기에 들어온 후,
본문에 방금 만든 인스타그램 로고를 사진 추가해 주세요.

본 이미지는 블로그 글쓰기 연습을 위한 설명 목적으로 인스타그램 서비스 화면을 캡처한 이미지입니다.

블로그 제목란에 ① 비공개(인스타그램 투명 위젯창)라 기재한 후,
② 발행을 눌러 ③ 공개 설정을 비공개로 클릭하신 후, ④ 발행을 눌러 주세요.

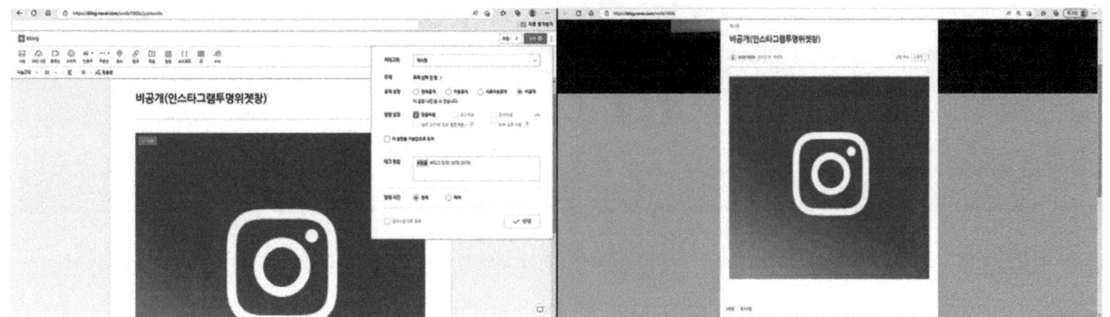

본 이미지는 블로그 글쓰기 연습을 위한 설명 목적으로 인스타그램 서비스 화면을 캡처한 이미지입니다.

기본 준비가 끝났으므로 이제 본격적으로 연결하기 위한 과정에 들어갑니다.
여기에 들어가기 전에 미리 준비해야 할 2가지 사항이 있습니다.

03. 클릭 시 이동할 페이지의 주소(파로 메모장에 메모해 두세요.)_개인 인스타그램

https://www.instagram.com/계정아이디

이제 비공개 포스팅 글의 주소를 복사하는 방법을 알려 드리겠습니다.

• 만들었던 인스타그램 로고 _ 이미지 주소 복사

https://postfiles.pstatic.net/MjAyMzA2MTJfMjA3/MDAxNjg2NTM1MjAyNDE5.LqTXy6F
Yaekvwl6IUKgo3QqSjBtfN98wmoAgi37vgmcg.lK8EkQUVIAzUc_caNow3lBGN3bMS_
Zg8NaF28Z986pcg.JPEG.kbg3062/%ED%99%94%EB%A9%B4_%EC%BA%A1%EC
%B2%98_2023-06-12_105803.jpg?type=w773

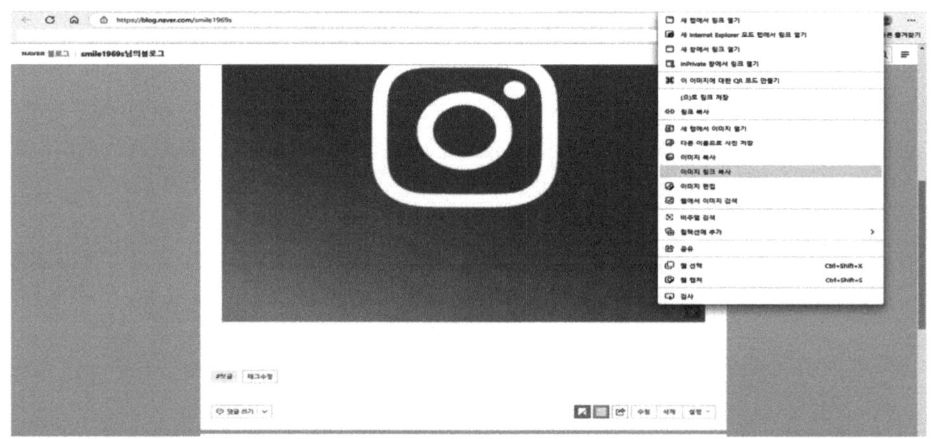

본 이미지는 블로그 글쓰기 연습을 위한 설명 목적으로 인스타그램 서비스 화면을 캡처한 이미지입니다.

이때 복사한 이미지 링크 주소를 아까 준비한 소스에 붙여 넣기를 해 줍니다.

〈a href="링크될 사이트나 SNS 주소"target="_blank"〉〈img src="위젯 이미지 저장된 사이트 주소"Width="170"〉〈/a〉

=〉 〈a href="https://www.instagram.com/계정아이디"target="_blank"〉〈img src=
"https://postfiles.pstatic.net/MjAyMzA2MTJfMjA3/MDAxNjg2NTM1MjAyNDE5.LqTXy6
FYaekvwl6IUKgo3QqSjBtfN98wmoAgi37vgmcg.lK8EkQUVIAzUc_caNow3lBGN3bMS_
Zg8NaF28Z986pcg.JPEG.kbg3062/%ED%99%94%EB%A9%B4_%EC%BA%A1%EC
%B2%98_2023-06-12_105803.jpg?type=w773"Width="170"〉〈/a〉

이렇게 되면 모든 준비가 마쳐졌습니다. 이제 본격적으로 연결해 보겠습니다.
블로그 관리!

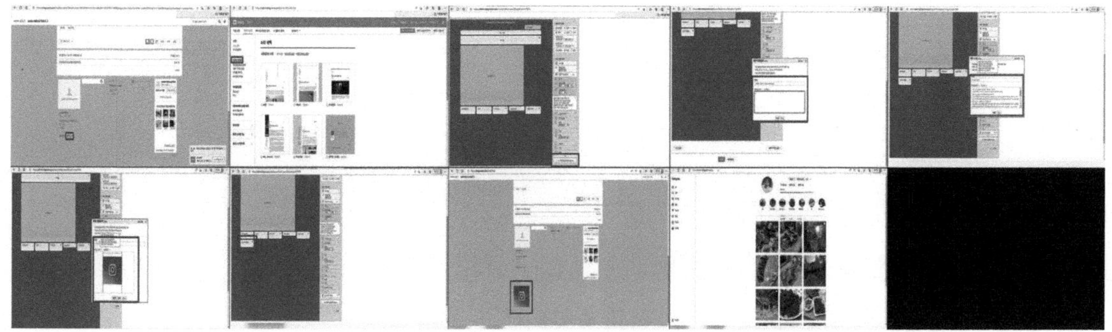

본 이미지는 블로그 글쓰기 연습을 위한 설명 목적으로 인스타그램 서비스 화면을 캡처한 이미지입니다.

✔ 블로그 _ 위젯 설정하는 방법! 최종 정리
네이버 블로그에 위젯 만들기와 SNS 주소 링크 시키기

네이버에서 지정한 사이즈: 가로 170px × 세로 600px, 최대 20개

① 디자인 만들기(미리캔버스:가로 170px × 세로50px(세로형))
　→ 다운로드:웹용, PNG, 투명한 배경 클릭 후 고해상도 다운로드

② 블로그 글쓰기: 이미지 첨부 후 비공개 발행

③ 비공개로 발행된 이미지에 마우스 오른쪽 버튼: 이미지 주소 복사
　• 복사한 위젯 이미지 주소를 인터넷 주소창에 넣고 실행시켜 위젯 이미지 연결 확인하기

④ 메모장에 위젯 이미지를 연결해 주고 링크될 사이트나
　SNS 주소를 연결해 줄 수 있는 위젯의 HTML 태그 소스를 복사해서 붙여놓기

<a href="**링크될 사이트나 SNS 주소**"target="_blank"><img src="**위젯 이미지 저장된 사이트 주소**"Width="170"></a>

3) 콘텐츠 저작권, 노후화 및 관리 기초

❖ 콘텐츠 노후화 A/S:

발행 후 유입 순위가 하락한 포스팅을 진단하고, 최신 정보 업데이트, 이미지 교체, 키워드 재배치 등으로 글의 수명을 연장합니다.

❖ 콘텐츠 저작권 및 초상권 관리

상업적 이용이 가능한 무료 이미지/폰트 사이트만을 활용하고, 타인의 콘텐츠 인용 시 출처를 명확히 명시하며, 인물의 얼굴은 모자이크 처리하여 초상권을 보호합니다.

4) 블로그 운영 지표 심층 분석

블로그를 단순한 트래픽 채널이 아닌, 비즈니스 성장을 위한 데이터 자산으로 활용하는 능력을 강화합니다.

(1) 페이지별 이탈률(Bounce Rate) 진단 실습

진단 목표: 네이버 통계에서 이탈률이 70% 이상인 포스팅을 찾아냅니다. 이탈률이 높다는 것은 독자가 글을 읽지 않고 바로 나갔다는 의미로, 도입부의 후킹(Hooking) 실패나 모바일 가독성 문제를 의심해야 합니다.

- 활용: 포스팅 내 '페이지 내 검색' 기능을 통해 독자가 찾지 못하고 나간 키워드나 정보를 파악하고, 해당 내용을 보강하는 A/S 전략에 활용합니다.

(2) 성장 단계별 KPI(핵심 성과 지표) 설정

블로그 운영의 목적(제1장)에 따라 KPI를 명확히 설정하고 주기적으로 점검합니다.

성장 단계	운영 목적	핵심 KPI(측정 지표)
초기(1~3개월)	환경 구축 및 주제 적합성 확인	이웃 수 증가율, 순방문자 수(PV), 발행 주기 준수율
성장기(4~12개월)	검색 엔진 노출 및 브랜드 인지도 확대	평균 체류 시간, 유입 키워드 순위(Top 10 진입률), CTA 클릭률
수익화/성숙기	수익 창출 및 비즈니스 전환	DB 확보 전환율(CRO), 월간 순수익, 제휴 제안 수주율

Chapter 5

검색 로직 및 키워드 최적화 심화(SEO)

● 학습 목표

네이버의 검색 로직(D.I.A)을 완벽히 이해하고, 경쟁 블로그의 성공 키워드를 역추적하여 우리 블로그에 적용할 수 있는 SEO 심화 전략을 수립할 수 있다.

01. 검색 최적화 기본: C-Rank와 D.I.A 로직 이해

로직	핵심 개념	포스팅 시 고려 사항(실습 중심)
C-Rank(구 로직)	신뢰도와 전문성 (주제 일관성, 콘텐츠 생산량, 이웃과의 소통)	하나의 주제를 꾸준히 다루고, 양질의 포스팅을 지속적으로 발행하여 블로그의 권위를 구축해야 합니다.
D.I.A(현 로직)	사용자 만족도 (문서의 의도 충족, 체류 시간, 재방문, 공감/댓글 참여)	독자가 만족할 만한 깊이 있고, 쉽게 이해할 수 있는 정보성 콘텐츠를 제공하여 체류 시간을 늘리는 것이 가장 중요합니다.

02. 핵심 키워드 발굴 실습: 네이버 검색광고 키워드 도구 활용

● 키워드 발굴 목표

검색량이 많고 경쟁이 치열한 핵심 키워드와 구매 전환율이 높은 롱테일 키워드를 찾아 포스팅 주제를 선정합니다.

◆ 분석 포인트

경쟁 강도가 '낮음'인 키워드를 우선 선정하고, 월간 검색량이 모바일 기준 100~1,000건 사이인 롱테일 키워드를 발굴합니다.

03. 경쟁사 키워드 및 콘텐츠 역추적 심화(실전 SEO)

(1) 경쟁사 Top 유입 키워드 분석 실습

- 활용 도구: 블랙키위 등 키워드 분석 툴을 활용합니다.
- 전략 적용: 경쟁사의 상위 키워드의 '사용자 의도(Intent)'를 파악하여 더 깊이 있고 차별화된 콘텐츠를 기획하는 데 활용합니다.

(2) 경쟁사 '성공 콘텐츠' 분석 템플릿

경쟁사 포스팅의 제목 구조, 본문 분량, 내부 링크 구조 등 SEO 요소를 체계적으로 분석하여 우리 블로그 콘텐츠 기획에 활용합니다.

키워드	월간 검색량 (Total)	블로그 누적 발행량	철자 유사도
경기도한정식맛집	600	87,700	높음
구리한정식맛집	620	8,670	높음
남양주 한식 맛집	1,320	50,100	높음
남양주 한정식	5,020	41,100	높음
남양주 한정식 맛집 추천	120	2,920	높음
남양주맛집	52,200	848,000	높음
별내한정식맛집	440	5,030	높음
이천한정식맛집	4,030	49,500	높음
하남한정식맛집	2,090	23,200	높음
한정식 맛집	27,340	1,490,000	높음

데이터 분석 툴, 블랙키위 참고바랍니다.

Chapter 6

고성과 콘텐츠 전략 및 잠재 고객 전환 (CRO)

❷ 학습 목표

독자의 감정을 움직이는 스토리텔링과 기둥 콘텐츠를 활용하여 블로그의 권위를 높이고, 전환율 (CTA) 최적화로 잠재 고객을 확보하고 육성할 수 있다.

01. 고성과 콘텐츠 제작 전략(기둥 콘텐츠 & 스토리텔링)

❷ 기둥 콘텐츠(Pillar Content) 활용

블로그의 핵심 주제를 포괄적으로 다루는 최소 3,000자 이상의 고품질 콘텐츠를 제작하여 블로그의 권위를 높입니다.

❷ 포스팅 몰입도를 높이는 스토리텔링 기술

AIDA 및 PAS 등의 마케팅 글쓰기 프레임워크와 후킹(Hooking) 도입부 공식을 활용하여 독자의 체류 시간을 극대화합니다.

02. 잠재 고객 확보 및 전환율(CRO) 최적화 전략

❷ Call-to-Action(CTA) 최적화

구체적인 이득을 제시하는 문구를 사용하고, CTA 버튼의 배치(도입부, 본론 중간, 결론)와 디자인을 최적화합니다.

❤ 퍼널(Funnel)별 콘텐츠 설계

인지 → 흥미 → 구매 단계별로 콘텐츠를 분류하고, 각 단계에 맞는 CTA를 연결하여 전환율을 높입니다.

❤ 이메일 마케팅 연동 및 잠재 고객 육성

콘텐츠 업그레이드 자료(체크리스트, PDF)를 제공하여 이메일 DB를 수집하고, 뉴스레터 등을 통해 잠재 고객을 육성(Nurturing)합니다.

03. 잠재 고객 인구통계학적 분석 기반 CTA

블로그 통계에서 제공하는 독자의 연령, 성별, 유입 시간대 등의 인구통계학적 데이터를 활용하여 CTA 문구 및 콘텐츠 전달 방식을 맞춤 설정하는 실습입니다.

❤ 분석 목표

특정 포스팅을 주로 보는 독자의 연령대를 확인합니다. (예: 40대 여성 독자가 많음)

❤ 맞춤 CTA 적용

독자의 주요 관심사 및 시간대에 맞춰 행동을 유도하는 문구를 세밀하게 조정합니다.

- 예시(40대 주부 타겟): '지금 바로 신청하세요.' 대신 → '육아 퇴근 후 30분 투자, 무료 컨설팅 놓치지 마세요.'
- 예시(20대 직장인 타겟): '자세히 보기' 대신 → '점심시간 10분, 초스피드 재테크 비법 확인'

Chapter 7

블로그 수익화 및 비즈니스 확장 전략

❷ 학습 목표

네이버 플랫폼 내외의 다양한 수익 모델을 이해하고, 블로그의 전문성을 활용하여 자체적인 지식 상품을 만들고 판매하는 마케팅 제안 능력을 확보한다.

01. 블로그 기반 수익 모델 다각화

- 네이버 애드포스트: 블로그의 가장 기본적이고 안정적인 수익 모델.
- 협찬 및 제휴 마케팅: 블로그의 신뢰도를 바탕으로 원고료나 제품 협찬을 유치합니다.
- 스마트플레이스 연동: 오프라인 매장의 지역 검색 노출 및 예약/주문 전환율을 높입니다.
- 수익 정산 및 세금 기초: 애드포스트 및 원고료 수익에 대한 3.3% 기타 소득세 이해와 개인 사업자 등록의 필요성을 숙지합니다.

02. 지식 상품화 및 자동화 수익 모델 구축

❷ 지식 상품화 프로세스

블로그의 전문성을 기반으로 PDF 전자책, 온라인 VOD 강의, 1:1 유료 컨설팅 등을 기획하고 판매합니다.

❷ 자동화 수익 모델

제휴 마케팅 링크 삽입이나, 전자책 자동 판매 시스템을 구축하여 판매 노동을 최소화합니다.

✅ 미디어 킷(Media Kit) 필수 구성

블로그 소개 및 페르소나, 트래픽 성과(PV, 체류 시간), 타겟 독자층 분석 등을 포함하는 블로그 포트폴리오를 작성합니다.

✅ 성공적인 제안서 작성 노하우

데이터 기반 접근을 통해(예: 'OOO 키워드 노출 순위 O위') 우리 블로그가 기업의 마케팅 문제를 어떻게 해결할 수 있는지를 중심으로 작성합니다.

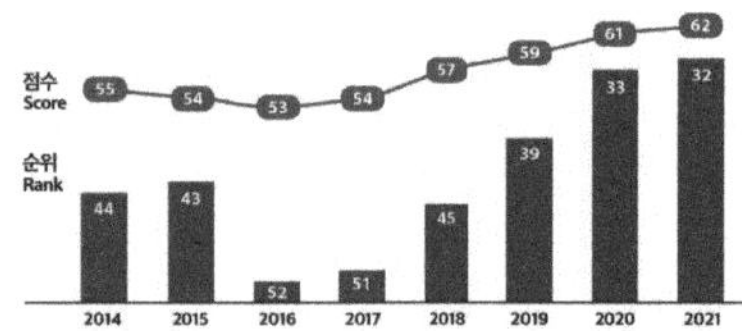

순위 Rank	국가명 Country	CPI 점수 CPI
1	덴마크 Denmark	88
1	핀란드 Finland	88
1	뉴질랜드 New Zealand	88
4	노르웨이 Norway	85
4	싱가포르 Singapore	85
4	스웨덴 Sweden	85
7	스위스 Switzerland	84
8	네덜란드 Netherlands	82
9	룩셈부르크 Luxembourg	81
10	독일 Germany	80
⋮		
32	대한민국 Korea, South	62

예) 협찬: 수분크림, 10위

본 이미지는 생성형 AI를 활용하여 제작된 이미지입니다.

04. 디지털 상품 판매를 위한 필수 법률 가이드

전자책, 온라인 강의 등 디지털 콘텐츠를 판매할 때는 환불 및 약관에 대한 법적 기준을 준수해야 비즈니스 안정성을 확보할 수 있습니다.

✅ 필수 고지사항

상품 판매 페이지에 사업자 정보, 이용 약관, 환불/취소 규정을 명확히 고지해야 합니다.

✅ 환불 규정(청약 철회)

미제공 시: 구매 후 7일 이내 청약 철회 가능.

✅ 제공 후

콘텐츠를 다운로드하거나 열람한 경우, 혹은 구매 후 7일이 지났다면 환불이 어려울 수 있으나, 고객에게 환불 불가 내용을 명확히 고지해야 합니다.

✅ 활용

네이버 스마트스토어 등 판매 플랫폼의 표준 약관을 참고하여 판매 규정을 설정합니다.

05. 비수익성 콘텐츠의 전략적 활용

모든 포스팅이 직접적인 수익을 창출하는 것은 아닙니다. 간접적으로 D.I.A 지수와 신뢰도를 높여 수익성 콘텐츠의 상위 노출을 돕는 비수익성 콘텐츠의 전략적 가치를 이해해야 합니다.

✅ 비수익성 콘텐츠의 정의

이웃 소통 글, 일상 공유, 단순 Q&A, 블로그 운영 공지 등 직접적인 광고나 판매 링크가 없는 콘텐츠.

✅ 전략적 가치

이러한 글들은 활동성, 친밀도, 신뢰도를 높여 D.I.A 로직에 긍정적인 신호를 줍니다. 결과적으로 수익성 글의 지수를 함께 끌어올리는 역할을 합니다.

✅ 활용

주 1회 이상 비수익성 콘텐츠를 발행하여 독자와의 관계를 유지하고, 블로그의 활동성을 꾸준히 관리합니다.

Chapter 8

지역 기반 & 로컬 검색 최적화 (Local SEO) 심화 전략

✔ 학습 목표

네이버 지도와 스마트플레이스 연동을 극대화하여 실제 매장 방문, 예약, 주문으로 연결하는 로컬 검색 최적화(Local SEO) 노하우를 습득할 수 있다.

01. 로컬 검색의 중요성 및 스마트플레이스 기본 이해

✔ 로컬 검색의 특징

검색어에 '지역명(OO동, OO역)'이나 '내 주변'이 포함되어 있으며, 검색 결과는 네이버 지도를 중심으로 노출됩니다.

✔ 스마트플레이스

네이버 지도와 연동되는 사업자 정보 관리 서비스로, 로컬 검색 노출의 기반이 됩니다.

02. 스마트플레이스 상세 설정 및 블로그 연동 극대화

✔ 블로그 연동을 통한 신뢰도 확보

블로그를 스마트플레이스의 '소식' 채널로 공식 연동하여 최신 포스팅이 자동 노출되도록 합니다.

✅ 네이버 예약/주문 위젯 연동

스마트플레이스 기능을 블로그 포스팅에 활용하여 전환율을 극대화합니다.

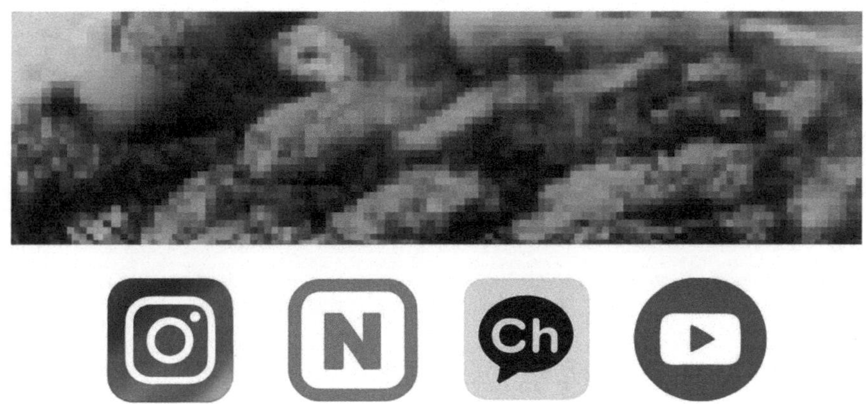

본 이미지는 생성형 AI를 활용하여 제작된 이미지입니다.

03. 로컬 키워드 조합 발굴 실습 노하우

고객의 구체적인 니즈를 반영한 '지역+업종+목표' 키워드를 조합하여 발굴해야 합니다.

키워드 유형	키워드 조합 예시	활용 방안
지역+업종	'OO동 맛집', '강남역 2번 출구 카페'	가장 기본이 되는 키워드. 제목과 본문에 자연스럽게 반복합니다.
지역+목표/상황	'수원 데이트 코스 추천', '홍대 혼밥 가능한 식당'	고객의 구체적인 상황을 고려한 포스팅 제목에 활용합니다.

Chapter 9

타 채널 연동 및 모바일 시너지 전략

✅ 학습 목표

블로그를 마케팅의 허브(Hub)로 활용하여 타 채널과 유기적으로 연결하고, 모바일 환경에 최적화된 콘텐츠(클립) 제작 및 공유 전략을 실행할 수 있다.

01. 블로그를 마케팅 허브(Hub)로 포지셔닝

✅ 블로그의 역할(HUB)

깊이 있는 정보, 상세 리뷰, 최종 구매/예약 전환의 장소.

✅ 타 채널의 역할(SPOKE)

블로그 콘텐츠의 요약/홍보, 신규 구독자 유입, 즉각적인 소통.

02. 인스타그램/유튜브 연동 심화 전략

✅ 인스타 → 블로그 유입 유도

프로필 링크 및 스토리 요약 공유를 통해 유입을 유도합니다.

✅ 유튜브 영상 활용

블로그 포스팅에 유튜브 영상을 삽입하여 체류 시간을 증가시킵니다.

◆ 외부 링크(백링크) 전략

지식in, 커뮤니티 등에서 블로그 포스팅을 정보의 출처로 인용하도록 유도하여 블로그의 권위를 높입니다.

03. 블로그 콘텐츠 리사이클링(재활용) 심화 전략

- 프로세스: 블로그 포스팅(HUB) → (요약/변형) → 인스타그램(카드 뉴스/릴스), 유튜브(쇼츠 대본), 뉴스레터(요약본).

04. 모바일 및 클립(Clip) 활용 전략

네이버 모바일 환경과 숏폼 콘텐츠를 활용하여 도달률을 높입니다.

◆ 스마트폰으로 홈 편집하기

모바일 블로그 앱을 활용하여 홈 편집(프로필, 대표 글)을 진행하고, 모바일 최적화를 점검합니다.

◆ 클립(Clip) 둘러보기 & 만들기

네이버의 숏폼 콘텐츠인 클립을 통해 간편한 동영상을 제작하고, 포스팅의 하이라이트 영상으로 활용하여 노출을 확장합니다.

포스팅을 인스타그램, 카카오톡 등으로 즉시 공유하여 트래픽 시너지를 만듭니다.

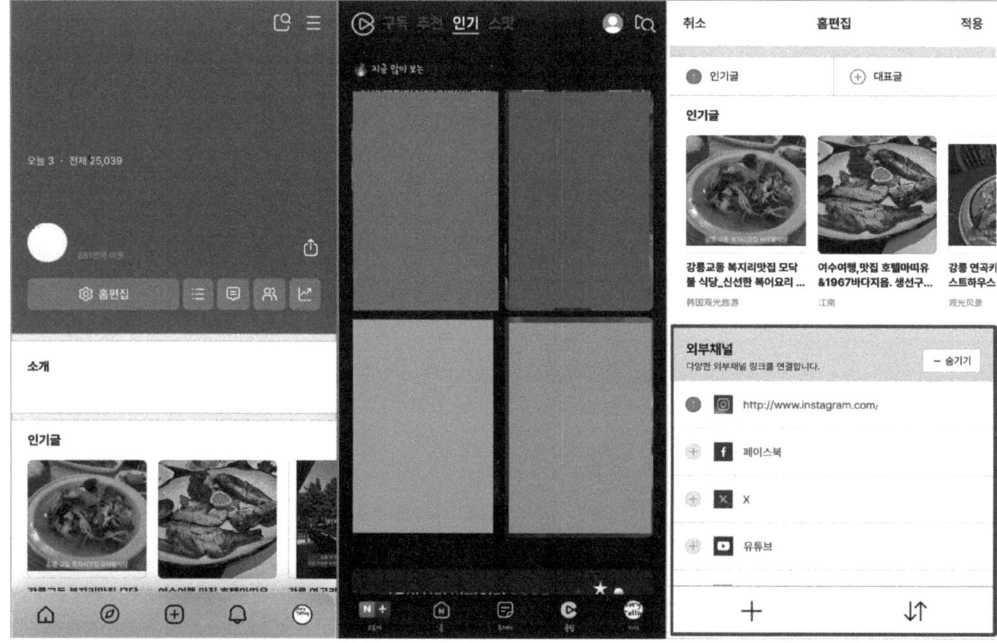

본 이미지는 블로그 글쓰기 연습을 위한 설명 목적으로 네이버 블로그 앱 서비스 화면을 캡처한 이미지입니다

05. 외부 채널별 콘텐츠 포맷 변환 실습

콘텐츠 리사이클링을 보다 구체화하여, 포맷 변환 시 각 채널의 규격 및 핵심 메시지 전달 방식을 실습합니다.

채널	포맷 최적화 가이드	핵심 메시지
인스타그램(카드 뉴스)	1:1 비율(10장 이내), 페이지당 한 문장 핵심 메시지 강조, 시각적 흥미 유발	감성적 공감 및 빠른 정보 습득
유튜브(쇼츠)	9:16 비율(15~60초), 3초 이내 후킹, 자막 및 BGM 활용, 가치 제안(Value Proposition)	즉각적 재미 및 문제 해결
뉴스레터(이메일)	텍스트 중심 요약, CTA 버튼 삽입, 개인화된 제목 활용	신뢰 기반의 맞춤 정보 및 전환 유도

Chapter 10

안정적인 운영과 위기 대응 매뉴얼

✅ 학습 목표

저품질 및 플랫폼 위험 요소로부터 블로그를 보호하고, AI 도구를 활용하여 콘텐츠 생산성을 극대화하며, 블로그를 비즈니스 자산으로 관리할 수 있다.

01. 저품질 예방 및 복구 전략

✅ 저품질 원인 분석 및 예방

과도한 광고, 어뷰징 등 위험 요소를 피하고 꾸준한 양질의 독창적인 콘텐츠 생산에 집중합니다.

✅ 네이버 고객센터 문의 및 블로그 복구 시도

저품질 의심 시 클린 작업 후, 데이터와 개선 의지를 중심으로 고객센터에 문의하여 공식적인 재검토를 요청합니다.

✅ 블로그 데이터 백업 및 관리

콘텐츠 텍스트, 이미지, 이메일 DB 리스트를 안전하게 백업하여 최악의 상황에 대비합니다.

02. 콘텐츠 제작 효율화(AI 활용)

✅ AI 기반 키워드/주제 발굴

AI에게 '사용자 의도(Intent)' 기반의 롱테일 키워드와 틈새 주제를 제안받습니다.

✪ 프롬프트 엔지니어링 실습

페르소나, 임무, 제약 조건, 목표를 포함한 구체적인 지시(프롬프트)를 작성하여 SEO에 최적화된
콘텐츠 초안 개요를 얻습니다.

✪ AI 이미지/썸네일 제작 및 SEO 검토

저작권 문제없는 시각 자료를 빠르게 생성하고, AI에게 초안을 검토받아 가독성과 SEO 적합성을
높입니다.

03. 블로그 자산 관리 및 비즈니스 측정

✪ 블로그 자산 가치 측정

월간 순수익, DB 리스트 규모, 트래픽 지표 등을 종합하여 블로그의 예상 매각 가치 및 수익성 자
산으로서의 가치를 평가합니다.

✪ 경쟁사 대비 SEO 보고서 작성

경쟁사 분석 결과를 활용하여, 우리 블로그의 키워드 점유율 및 SEO 성과를 시각적으로 비교하
고 다음 분기 전략을 도출합니다.

04. 네이버 vs. 구글 SEO 핵심 비교

블로그 콘텐츠를 다른 검색 엔진에도 노출시키기 위한 기본적인 SEO 원칙의 차이를 이해합니다.

구분	네이버 SEO(D.I.A 로직)	구글 SEO(기술적 SEO 및 E-E-A-T)
핵심 평가 요소	사용자 만족도, 체류 시간, 문서 의도 충족(클릭 후 행동)	권위/경험/신뢰성/전문성(E-E-A-T), 백링크(외부 추천), 기술적 성능
주요 최적화	고품질 콘텐츠(롱폼), 내부 링크, 스마트플레이스 연동	사이트 속도, 모바일 반응성(CSS/JS 최적화), 양질의 외부 백링크 확보
활용 전략	네이버 블로그에 집중, 네이버 서비스 연동 최대화	블로그 외 개인 웹사이트 운영, 기술적 최적화를 통한 글로벌 트래픽 확보

블로그 운영을 개인 노동력에 의존하지 않고 시스템으로 지속 가능하게 만들기 위한 운영 매뉴얼을 작성합니다.

● **운영 매뉴얼 포함 요소**

브랜드 톤앤매너 및 페르소나 정의(제1장 참고): 글쓰기 시 지켜야 할 목소리, 이모티콘 사용 규칙.

● **포스팅 체크리스트**

제목 키워드 포함 개수, 사진 개수(최소 15장), 인용구/볼드체 사용 횟수 제한 등.

● **금지 키워드 리스트**

저품질을 유발하는 상업적/불법적 키워드 목록.

● **활용**

이 매뉴얼을 통해 팀원이나 외주 작가가 작성한 콘텐츠의 일관성과 안정성을 유지할 수 있습니다.

학습정리 및 참고자료

학습정리

✅ 전략 및 기초 설정(제1, 2장)

브랜딩, 판매, DB 확보 중 명확한 목표를 설정하고, 경쟁사 분석 및 핵심/롱테일 키워드 발굴, D.I.A 로직 이해로 기반을 다집니다.

✅ 콘텐츠 제작 및 편집(제3, 4장)

글쓰기 기초 및 미디어 활용, 심화 사진 편집, 카테고리/위젯 설정을 통해 콘텐츠 제작 능력을 완성합니다.

✅ 고성과 및 전환 전략(제6장)

기둥 콘텐츠, 스토리텔링, 타겟 맞춤형 CTA 최적화로 잠재 고객 확보 및 전환율을 높입니다.

✅ 데이터 분석 및 관리(제4장)

이탈률 진단, KPI 설정, 콘텐츠 노후화 A/S 및 저작권 관리를 통해 블로그의 효율성과 품질을 유지합니다.

✅ 확장 및 시너지(제9장)

타 채널(인스타/유튜브) 연동, UTM 태그 활용 크로스 분석, 모바일/클립 활용으로 트래픽을 극대화합니다.

✔ 수익화 및 비즈니스화(제7장)

애드포스트, 협찬, 지식 상품화를 통해 수익 모델을 확장하고, 마케팅 제안서 작성 및 법률 가이드를 습득합니다.

✔ 안정성 및 미래 대비(제10장)

저품질/위기 대응 매뉴얼, 콘텐츠 DB 구축, AI 활용 효율화 및 글로벌 SEO 비교를 통해 블로그를 지속 가능한 자산으로 만듭니다.

참고 자료 및 출처

본 교재는 네이버 블로그. 검색. 스마트플레이스 등 각 서비스의 공식 도움말과 공개 자료,
디지털 마케팅 일반 이론(SEO, 콘텐츠 전략, CRO) 및 콘텐츠 전략 관련 일반 이론,
SEO 및 데이터 분석 업계 자료, 공공기관 가이드라인, 플랫폼 정책 자료,
그리고 저자의 실제 블로그 운영 및 교육 경험을 바탕으로 교육 목적에 맞게 재구성한 저작물입니다.

본 교재에 언급된 서비스명 및 로고(네이버, 유튜브, 인스타그램, CGV, 미리캔버스, 블랙키위, 애드포스트 등)는 각 권리자(상표권자)의 소유이며, 교육 및 설명 목적의 식별을 위해 사용되었습니다.

본 교재에 포함된 일부 이미지는 교육 및 설명 목적의 서비스 화면 캡처 이미지이며,
각 서비스의 저작권은 해당 제공자에게 있습니다.
본 교재는 교육 목적의 자료로, 특정 플랫폼의 공식 입장이나 정책을 대변하지 않으며
서비스 운영 정책 변경에 따라 일부 화면 및 기능은 달라질 수 있습니다.

제 5 장

유튜브 마케팅

목차

Chapter 1. 유튜브 인사이트: 성장 배경부터 성공 전략까지 ··· 122

Chapter 2. 유튜브 구조, 채널 기초 설정 ··· 128

Chapter 3. 콘텐츠 기획 및 제작 준비:
매력적인 영상을 만드는 설계도 ··· 139

Chapter 4. 촬영 및 편집 기초:
콘텐츠의 완성도를 높이는 실전 기술 ··· 143

Chapter 5. 업로드와 SEO 최적화:
알고리즘의 선택을 받는 비결 ··· 145

Chapter 6. 채널 성장 전략(중급~고급): 데이터를 통한 도약 ··· 149

Chapter 7. 유튜브 성공을 위한 지속 성장 노하우:
채널의 장기적인 발전 전략 ··· 159

유튜브 인사이트:
성장 배경부터 성공 전략까지

01. 유튜브, 거인의 탄생과 진화

유튜브는 단순한 동영상 공유 플랫폼을 넘어 현대 사회의 중요한 문화 및 정보 교환의 장으로 자리매김했습니다.

구분	내용
설립 및 성장	2005년 채드 헐리, 스티브 첸, 자베드 카림이 'Broadcast Yourself'를 슬로건으로 설립. 개인이 쉽게 영상을 공유하는 환경을 제공하며 성장
변곡점	2006년 구글에 인수된 후, 구글의 기술력과 자본을 바탕으로 전 세계로 영향력을 확대.
성장동력	**초고속 인터넷 보급**과 **스마트폰 확산**으로 언제 어디서든 고품질 영상 시청이 가능해지면서 전통 미디어의 대안으로 부상.
현재 위상	전 세계 20억 명 이상의 월간 활성 사용자를 보유한 **세계 최대 동영상 플랫폼, 검색 엔진, 강력한 광고 플랫폼**으로 자리매김.
핵심 가치	단순 기술 발전뿐 아니라, 사용자가 직접 콘텐츠를 생산하고 수익을 창출하는 '크리에이터 경제'를 촉진하여 개인의 창의성 발현 기회를 제공하고 플랫폼 성장의 선순환을 이끌었음.

02. 유튜브의 심장, 사용자 그리고 소비 패턴

유튜브는 다양한 연령대의 사용자를 아우르지만, 특히 젊은 세대에게 강력한 영향력을 행사합니다. 주된 사용자 연령층은 10대 후반에서 30대 중반에 이르며, 이들은 유튜브를 통해 엔터테인먼트, 정보 습득, 학습, 소통 등 다채로운 활동을 즐깁니다.

1) 주요 사용자 연령층 및 특징

✅ 10대 후반 ~ 20대 초반

가장 적극적인 콘텐츠 소비자이자 생산자 그룹입니다. 게임, 뷰티, 패션, 브이로그, 짧은 형식의 숏폼 콘텐츠 등 트렌드에 민감한 콘텐츠를 선호하며, 친구들과의 소통 수단으로도 유튜브를 활용합니다.

✅ 20대 중반 ~ 30대 중반

자기 계발, 재테크, 취미, 육아, 여행 등 실생활에 도움이 되는 정보성 콘텐츠와 함께 웹 드라마, 예능 등 엔터테인먼트 콘텐츠를 즐깁니다. 구독 채널을 통해 관심 분야의 전문적인 정보를 얻는 경향이 강합니다.

✅ 30대 후반 이상

뉴스, 시사, 건강, 요리, 다큐멘터리 등 특정 주제에 대한 심층적인 콘텐츠나 과거의 향수를 불러 일으키는 콘텐츠를 선호하기도 합니다. 키즈 콘텐츠는 자녀를 둔 부모 세대에게 필수적인 카테고리입니다.

2) 소비 패턴

✅ 다양한 기기에서의 시청

스마트폰, 태블릿, PC, 스마트 TV 등 다양한 기기를 통해 유튜브 콘텐츠를 시청합니다. 이동 중에는 스마트폰, 집에서는 스마트 TV를 활용하는 경우가 많습니다.

✅ 개인화된 콘텐츠 소비

유튜브 알고리즘의 추천 시스템을 통해 개인의 취향과 관심사에 맞춰진 콘텐츠를 주로 소비합니다. 이는 사용자의 체류 시간을 늘리고 플랫폼에 대한 충성도를 높이는 요인으로 작용합니다.

✪ 학습 및 정보 습득의 도구

특정 기술을 배우거나 새로운 정보를 얻기 위해 유튜브 튜토리얼이나 교육 콘텐츠를 적극적으로 활용합니다.

✪ 커뮤니티 활동

댓글, 좋아요, 구독 등을 통해 크리에이터와 소통하고, 다른 시청자들과 의견을 교환하며 커뮤니티 활동에 참여합니다.

✪ 백그라운드 소비

음악, 팟캐스트 등 오디오 콘텐츠를 재생하며 다른 작업을 하거나 휴식을 취하는 등 백그라운드 소비 패턴도 두드러집니다.

03. 유튜브 알고리즘, 콘텐츠 성공의 지름길

> **"The YouTube algorithm follows the audience"**

YouTube 알고리즘은 시청자를 따라간다.

유튜브 알고리즘은 사용자가 플랫폼에 머무는 시간을 최대화하고 만족도를 높이기 위해 작동하는 복잡한 시스템입니다. 수많은 동영상 중에서 사용자에게 가장 적합한 콘텐츠를 추천함으로써, 사용자 경험을 개인화하고 플랫폼의 활성화를 유도합니다.

✪ 알고리즘의 주요 목표:

- 사용자 만족도 증대: 사용자가 좋아할 만한 동영상을 추천하여 즐거움을 제공합니다.
- 시청 시간 증대: 사용자가 유튜브에서 더 많은 시간을 보내도록 유도합니다.
- 참여 유도: 좋아요, 댓글, 공유, 구독 등 사용자 참여를 촉진합니다.

✪ 알고리즘 작동의 핵심 요소

- 시청 기록(Watch History): 사용자가 과거에 시청한 동영상, 검색어, 상호 작용(좋아요/싫어요) 데이터를 분석하여 비슷한 유형의 콘텐츠를 추천합니다.
- 클릭률(Click-Through Rate, CTR): 동영상의 썸네일과 제목을 보고 얼마나 많은 사용자가 클릭했는지 나타내는 지표입니다. CTR이 높을수록 사용자의 관심을 끄는 데 성공했다고 판단합니다.
- 시청 지속 시간(Watch Time/Audience Retention): 동영상의 전체 길이 대비 사용자가 얼마나 오래 시청했는지를 나타냅니다. 시청 지속 시간이 길수록 양질의 콘텐츠로 판단하여 더 많이 추천합니다.
- 참여도(Engagement): 좋아요, 싫어요, 댓글, 공유, 구독 등 사용자의 상호 작용을 분석합니다. 적극적인 참여는 알고리즘에 긍정적인 신호로 작용합니다.
- 새로운 콘텐츠(Freshness): 최근 업로드된 동영상에 대한 초기 노출을 통해 새로운 콘텐츠의 반응을 시험합니다.
- 경쟁 영상(Competition): 특정 키워드나 주제에 대한 다른 영상들과 비교하여 해당 영상의 경쟁력을 평가합니다.

✪ 알고리즘을 활용한 콘텐츠 전략

유튜브 알고리즘은 결국 '시청자의 반응'을 따라 움직입니다. 아래 다섯 가지 요소는 알고리즘과 시청자 모두에게 긍정적인 신호를 보내는 핵심 전략입니다.

1) 매력적인 썸네일과 제목

사람들이 영상 목록에서 여러분의 콘텐츠를 클릭할지 말지를 결정하는 가장 중요한 요소입니다. 높은 CTR(클릭률)을 위해 시선을 사로잡는 썸네일과 클릭을 유도하는 제목이 필수적입니다.

✪ 왜 중요한가?

CTR이 높을수록 알고리즘은 '이 영상은 흥미롭다'라고 판단해 노출을 더 늘립니다.

✪ 예시

✗ '브이로그 3편' → 정보가 없어서 클릭 욕구가 낮음.

✔ '퇴사 하루 전, 저는 이런 선택을 했습니다.' → 궁금증·스토리·감정 자극

✔ 썸네일에 핵심 장면 + 짧은 문장 '생각보다 빨랐다….'

2) 양질의 콘텐츠 제작_시청 지속 시간이 핵심 지표

알고리즘은 '얼마나 오래' 봤는지로 영상 품질을 평가합니다.

시청 지속 시간을 높일 수 있는 재미있고 유익하며 몰입도 높은 콘텐츠를 제작해야 합니다.

✅ 왜 중요한가?

시청 지속 시간이 높으면 알고리즘은 '이 영상은 사람들이 끝까지 본다.'라고 판단하고 추

천 영상에 노출합니다.

✅ 예시

흥미로운 오프닝 넣기

핵심 내용을 5초 내 제시하기

장면 전환, 자막, BGM 등으로 몰입감 유지

3) 사용자 참여 유도_알고리즘에 보내는 긍정적 신호

댓글, 좋아요, 구독은 모두 '영상에 대한 반응'이며 알고리즘이 가장 즉각적으로 반응하는 지표입니다.

동영상 내에서 댓글 작성, 좋아요, 구독 등을 유도하는 CTA(Call To Action)를 포함합니다.

✅ 왜 중요한가?

참여도가 높으면 알고리즘은 그 영상을 '사람들이 좋아하는 콘텐츠'로 간주합니다.

✅ 예시

"여러분은 어떤 선택을 하시겠어요? 댓글로 알려 주세요!"

"이 정보가 도움이 되면 좋아요 한 번 눌러 주세요!"

"다음 편이 궁금하다면 구독 잊지 마세요!"

4) 일관된 업로드 주기_알고리즘에게 '활성 채널'임을 알림

자주 올리라는 뜻이 아니라 일정한 패턴을 유지하라는 것입니다.

꾸준한 콘텐츠 업로드를 통해 구독자와 알고리즘에 채널의 활성도를 보여 줍니다.

✔ 왜 중요한가?

꾸준함은 시청자와 알고리즘 모두에게 신뢰를 줍니다.

불규칙하면 기존 시청자 이탈 → 알고리즘 평가 감소.

✔ 예시

매주 화·금에 업로드

매달 둘째 주는 Q&A 콘텐츠 올리기

'업로드 플랜' 자체를 시청자에게 공지하기

5) 최적화된 키워드 사용_검색 유입을 자동으로 만드는 장치

영상이 검색 결과에 뜨기 위해서는 제목·설명·태그에 관련 키워드를 포함해야 합니다.

검색을 통해 유입될 수 있도록 동영상 제목, 설명, 태그에 관련 키워드를 적절히 사용합니다.

✔ 왜 중요한가?

유튜브는 '영상에 어떤 내용이 있는지'를 텍스트 데이터로 파악합니다.

✔ 예시

- 제목: '2025 유튜브 알고리즘 완전 정복(초보자용)'
- 설명: '시청 지속 시간, CTR, 키워드 최적화를 통해 알고리즘을 이해하는 방법'
- 태그: 유튜브 알고리즘, 유튜브 운영, 초보자 유튜브, 시청 지속 시간 팁

Chapter 2

유튜브 구조, 채널 기초 설정

유튜브는 단순한 동영상 재생기를 넘어, 콘텐츠 제작자(크리에이터)와 시청자 간의 복잡하고 상호 작용적인 관계를 가능하게 하는 정교한 구조와 다양한 기능을 갖추고 있습니다. 이 장에서는 유튜브 플랫폼을 구성하는 핵심 기능과 구조적 요소를 자세히 설명합니다.

01. 유튜브의 핵심 구조 요소와 기능

유튜브는 크게 콘텐츠 생태계, 사용자 인터페이스(UI), 그리고 백엔드 시스템의 세 가지 주요 축으로 이루어져 있습니다.

구조요소	설명
콘텐츠(Videos)	플랫폼의 근간을 이루는 모든 동영상 파일
채널(Channels)	크리에이터가 동영상을 모아 관리하는 개인 공간
사용자(Users)	콘텐츠를 시청하거나 제작하는 모든 개인
백엔드(Backend)	사용자에게 보이지 않는 서버 및 데이터 처리 시스템

02. 주요 기능 상세 설명

유튜브는 사용자와 크리에이터 모두에게 최적화된 경험을 제공하기 위해 다양한 기능을 제공합니다.

1) 콘텐츠 업로드 및 관리 기능

크리에이터가 자신의 동영상을 플랫폼에 올리고 효과적으로 관리할 수 있도록 돕는 기능입니다.

(1) 업로드(Upload): 영상을 세상에 공개하는 첫 단계

크리에이터가 만든 영상 파일을 유튜브 서버에 올리는 과정입니다.

업로드 후에는 자동으로 인코딩(파일 변환)과 압축이 진행되어 다양한 기기에서 재생할 수 있는
형태로 변경됩니다.

✅ 예시

4K로 촬영한 영상을 올리면, 인코딩 과정에서 1,080p, 720p 등 다양한 화질 버전이 자동 생성됩니다.
업로드 시 인터넷 속도가 느리면 업로드 시간이 길어질 수 있습니다.

- 한마디로 정리하면?

'원본 영상을 유튜브가 알아보기 쉬운 언어로 바꿔 주는 과정.'입니다.

본 이미지는 생성형 AI를 활용하여 제작된 이미지입니다.

(2) 유튜브 스튜디오(YouTube Studio): 크리에이터의 '본부' 역할

크리에이터 전용 대시보드. 동영상 관리, 채널 분석, 수익 창출 설정, 댓글 관리 등 모든 크리에이
터 활동의 중앙 통제실 역할을 합니다.

✅ 여기서 할 수 있는 주요 작업

- 영상 업로드 후 제목·설명·태그 수정
- 댓글 관리 및 커뮤니티 소통
- 조회 수·시청 시간·시청자 분석(Analytics)
- 광고 수익 설정
- 저작권 문제 확인

유튜브 스튜디오 이용의 예 (동영상에 해시태그 다는 방법)

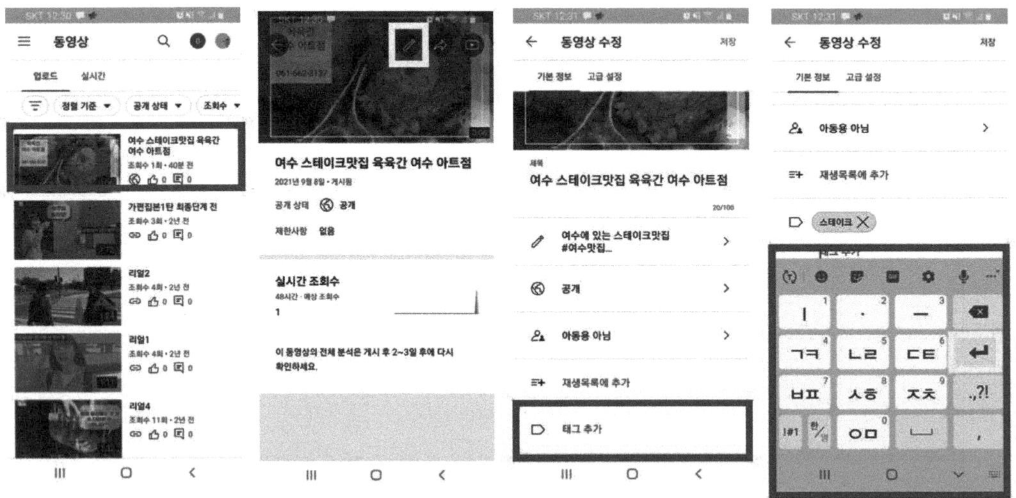

본 이미지는 YouTube Studio 화면을 캡처한 예시 이미지입니다.

✅ 예시

- 어떤 영상에서 시청자 이탈이 많아지는 구간을 분석해, 다음 영상에서 구조를 개선할 수 있음.

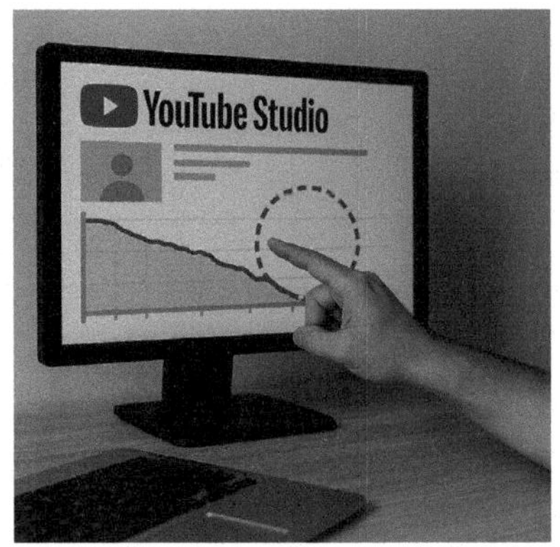

본 이미지는 생성형 AI를 활용하여 제작된 이미지입니다.

- 댓글 중 자주 묻는 내용을 확인해 다음 콘텐츠 아이디어로 활용 가능.

• 한마디로 정리하면?

'내 유튜브 채널의 상황판이자 영상 운영을 위한 컨트롤센터.'

(3) 메타데이터(Metadata): 알고리즘이 영상을 이해하는 '설명서'

메타데이터란 영상을 설명하는 모든 정보입니다. (제목, 설명, 키워드, 태그, 썸네일 등이 포함)

✅ 왜 중요한가?

유튜브가 영상 내용을 '텍스트 정보'로 이해하기 때문에 검색 노출에 직접 영향을 줍니다.
잘 작성된 메타데이터는 CTR 향상, 시청자 유입 증가로 이어집니다.

✅ 예시

- 제목: '아이폰 15 카메라 테스트 10가지'
- 설명: 영상 내용 요약 + 타임라인 + 관련 링크
- 태그: 아이폰 15, 아이폰 카메라 리뷰, 2025 스마트폰 리뷰
- 썸네일: 핵심 장면 + 짧은 문구

- 한마디로 정리하면?

유튜브가 '이 영상이 어떤 내용인지' 판단할 수 있게 해 주는 문자 정보.

(4) 수익 창출(Monetization): 유튜브로 돈을 버는 방법

크리에이터가 영상을 통해 광고, 멤버십, 슈퍼챗 등으로 수익을 얻을 수 있는 기능입니다.
단, 유튜브 파트너 프로그램(YPP) 가입 조건을 충족해야 합니다.

유튜브 파트너 프로그램(YPP) 가입 조건	
항목	조건
구독자 수	1,000명 이상
롱폼 영상 기준	최근 12개월 동안 **공개 영상 + 유효 시청 시간 4,000시간 이상**
또는 Shorts 기준	최근 90일간 **공개 Shorts + 유효 조회 수 1,000만 회 이상**
기타 필요 요소	Google AdSense 연동, 계정/채널 정책 준수

✅ 주요 수익 형태

- 광고 수익(AdSense)
- 채널 멤버십
- 슈퍼챗·슈퍼스티커(라이브 방송)
- 쇼핑(상품 판매 연동)

✅ 예시

조회 수 10만 회 영상에서 광고가 3개 재생되면 광고주로부터 일정 수익이 발생.

채널 멤버십을 통해 월 정기 구독료를 받을 수도 있음.

- 한마디로 정리하면?

'영상이 사람들에게 보여질 때마다 광고가 붙어 크리에이터에게 수익이 돌아오는 시스템.'

03. 시청 경험 및 검색 기능

시청자가 콘텐츠를 쉽게 찾고 편리하게 시청할 수 있도록 지원하는 기능입니다.

- 검색 창(Search Bar): 키워드를 입력하여 원하는 동영상을 찾는 가장 기본적인 기능.

유튜브는 구글에 이어 세계 2위의 검색 엔진으로 기능합니다.

- 추천 알고리즘(Recommendation System): 홈페이지, 다음 동영상, 인기 급상승 동영상 등 다양한 섹션에서 개인 맞춤형 콘텐츠를 추천합니다. (☞▦ 알고리즘은 플랫폼의 핵심입니다.)
- 재생 목록(Playlists): 시청자가 특정 주제나 시리즈별로 동영상을 모아 연속적으로 시청할 수 있게 합니다.
- 숏츠(Shorts): 스마트폰 환경에 최적화된 60초 미만의 짧은 세로형 동영상 플랫폼. 새로운 시청자 유입 채널로 활용됩니다.

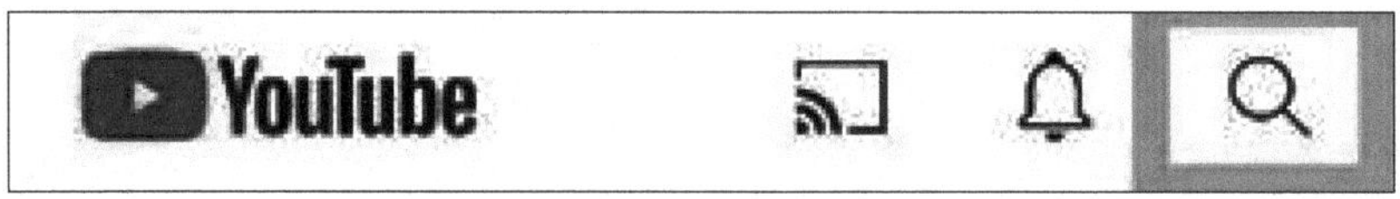

본 이미지는 YouTube 앱 화면을 캡처한 예시 이미지입니다

04. 사용자 상호 작용 및 커뮤니티 기능

크리에이터와 시청자, 그리고 시청자 간의 소통을 촉진하여 플랫폼 내 커뮤니티를 형성하는 기능입니다.

- 구독(Subscription): 시청자가 특정 채널을 팔로우하여 새 동영상 업로드 시 알림을 받고 피드에서 콘텐츠를 쉽게 확인할 수 있게 합니다.
- 좋아요/싫어요(Likes/Dislikes): 동영상에 대한 감정적 반응을 표시하는 기능. 알고리즘 학습에 중요한 데이터로 사용됩니다.
- 댓글(Comments): 시청자가 동영상에 대한 의견을 남기고 크리에이터 및 다른 시청자들과 소통하는 공간입니다.
- 커뮤니티 탭(Community Tab): 채널에 사진, 텍스트, 설문조사 등을 올려 구독자들과 동영상 외적으로 소통할 수 있는 기능입니다.
- 실시간 스트리밍(Live Streaming): 크리에이터가 실시간으로 방송을 진행하며 시청자들과 즉각적으로 소통할 수 있는 기능입니다. (슈퍼챗 등 유료 후원 기능 포함)

05. 기능 구조도

다음은 유튜브 플랫폼의 주요 기능들이 사용자 중심으로 어떻게 배치되고 작동하는지를 시각적으로 나타낸 구조도입니다.

사용자 (시청자)	⟳	유튜브 플랫폼 (알고리즘)	⟳	크리에이터 (제작자)
🔍 콘텐츠 탐색		⚒ 검색 시스템		♟ 콘텐츠 기획 및 제작
(검색, 피드 스크롤)	데이터 전송	(키워드 매칭, 랭킹)	콘텐츠 제공	(카메라, 편집 소프트웨어)
◉◉ 시청 및 소비		🎯 추천 알고리즘		🎞. 업로드 및 메타데이터 설정
(시청 시간, 시청 지속)	데이터 분석	(개인화, CTR, 시청 시간 분석)	피드백 수집	(제목, 썸네일, 태그 최적화)
💬 상호 작용		✸ 유튜브 스튜디오		📊 채널 분석 및 관리
(구독, 좋아요, 댓글, 공유)	커뮤니티 형성	(분석 리포트, 댓글 관리, 수익 설정)	수익 배분	(광고, 멤버십, 슈퍼챗)

유튜브의 기능 구조는 '크리에이터의 제작 → 플랫폼의 유통/추천 → 시청자의 소비/피드백'이라는 순환 고리를 중심으로 설계되어 있으며, 이 모든 과정은 알고리즘에 의해 효율적으로 제어됩니다.

06. 유튜브 채널 기초 설정: 성공적인 시작을 위한 첫걸음

유튜브 채널을 성공적으로 운영하기 위해서는 플랫폼의 기본 구조를 이해하고, 채널의 정체성을 명확하게 설정하는 '기초 설정' 단계가 매우 중요합니다.

이 장에서는 유튜브 앱의 주요 탭 기능과 채널 개설 시 필수적인 브랜딩 요소 설정 방법을 상세히 다룹니다.

1) 유튜브 플랫폼의 주요 탭 기능 이해

유튜브 모바일 앱 하단에는 사용자들이 콘텐츠를 탐색하고 상호 작용하는 데 필수적인 5가지 주요 탭이 배치되어 있습니다. 크리에이터는 이 탭들이 시청자의 콘텐츠 소비 방식에 어떻게 영향을 미치는지 알아야 합니다.

유튜브 앱 화면 인터페이스

본 이미지는 YouTube Studio 화면을 캡처한 예시 이미지입니다.

설명의 순서: 왼쪽->오른쪽

(1) 홈 탭(Home)

- 기능: 사용자의 과거 시청 기록, 구독 채널, 관심사 등을 종합적으로 분석한 개인 맞춤형 추천 동영상이 표시되는 메인 화면입니다.

- 크리에이터에게 중요성: 채널 동영상이 이 홈 피드에 노출되는 것이 곧 가장 큰 트래픽 유입으로 이어지므로, 알고리즘의 추천을 받기 위한 콘텐츠 전략이 중요합니다.

(2) Shorts 탭(Shorts)

- 기능: 60초 미만의 짧은 세로형 동영상(Shorts)만을 모아 보여 주는 전용 피드입니다. 틱톡(TikTok)과 유사한 스크롤 방식을 채택합니다.

- 크리에이터에게 중요성: 새로운 시청자를 빠르게 확보하고 채널 유입을 늘릴 수 있는 강력한 통로입니다. 짧고 직관적인 콘텐츠 제작이 필수입니다.

(3) 만들기 탭(Create / + 버튼)

- 기능: 크리에이터가 동영상을 업로드하거나 Shorts를 제작하고, 실시간 스트리밍을 시작할 수 있는 기능이 모여 있는 버튼입니다.

- 크리에이터에게 중요성: 콘텐츠 제작 활동의 시작점이 되는 기능입니다.

(4) 구독 탭(Subscriptions)

- 기능: 사용자가 구독한 채널들의 최신 동영상만 모아서 보여 주는 피드입니다. 광고나 추천 콘텐츠가 거의 없어 구독자에게 가장 집중도가 높은 영역입니다.

- 크리에이터에게 중요성: 이 탭은 충성 구독자에게 도달하는 가장 확실한 방법입니다. 꾸준한 업로드가 구독자들의 피드 상단에 채널을 노출시키는 열쇠입니다.

(5) 나(내 페이지)

- 기능: 사용자의 개인 활동 기록(시청 기록, 재생 목록, 다운로드) 및 채널 정보(채널 관리, 수

익 창출 현황 등)를 확인할 수 있는 공간입니다.

- 크리에이터에게 중요성: 시청자의 경우 자신의 활동을 관리하고, 크리에이터의 경우 자신의
  채널 스튜디오로 빠르게 이동하여 관리를 시작할 수 있습니다.

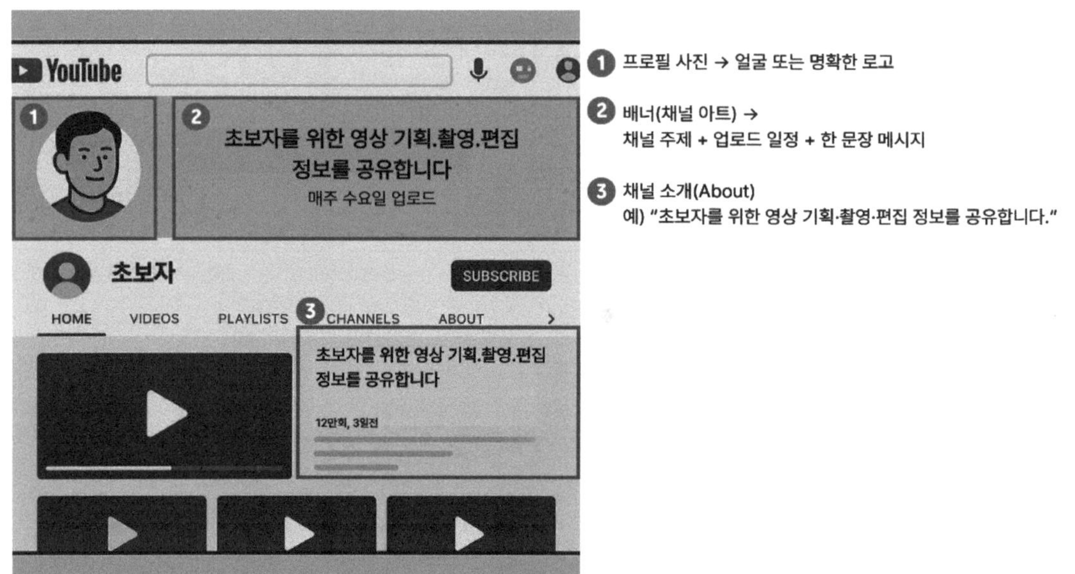

본 이미지는 생성형 AI를 활용하여 제작된 이미지입니다.

07. 채널 개설 및 브랜딩 전략

채널을 개설하는 것은 시작일 뿐입니다. 채널의 정체성을 시각적, 언어적으로 명확히 확립하는
'브랜딩'은 시청자에게 신뢰감을 주고 채널을 기억하게 만드는 핵심 요소입니다.

(1) 채널 개설
- 계정 준비: 구글 계정으로 유튜브에 로그인합니다.
- 채널 생성: '내 페이지'로 이동하여 채널 이름과 핸들을 설정하면 채널이 생성됩니다.
- 유튜브 스튜디오 접속: 유튜브 스튜디오에 접속하여 채널 관리의 모든 기능을 활용할 준비
  를 마칩니다.

(2) 채널 브랜딩 필수 요소 설정(유튜브 스튜디오)

채널 브랜딩은 시청자가 채널을 방문했을 때 가장 먼저 접하는 시각적 요소들을 일관성 있게 설정하는 작업입니다.

브랜딩 요소	설정 핵심 전략
채널명	채널의 주제나 크리에이터의 정체성을 명확하게 드러내는 이름으로 설정합니다.
프로필 사진	유튜브 전반(댓글, 검색 결과, 동영상 옆)에 노출되는 작은 이미지입니다. 고유 로고나 크리에이터의 얼굴 등 시인성이 좋은 이미지를 사용해야 합니다. (정사각형 이미지 권장)
채널 아트(배너 이미지)	채널 홈 화면 상단에 크게 노출되는 '채널의 간판'입니다. 채널 주제, 업로드 일정, 슬로건 등 핵심 정보를 명시하여 방문자의 흥미를 유발해야 합니다. (PC, 모바일, TV 등 기기별 표시 영역 고려)
동영상 워터마크	동영상 재생 중 우측 하단에 표시되는 작은 로고입니다. 시청자가 클릭하면 바로 구독할 수 있는 버튼으로 활용되어 구독자 확보에 유리합니다.
채널 소개글	채널의 목표, 콘텐츠 유형, 업로드 주기 등을 1~2문장으로 요약합니다. 시청자가 채널이 자신과 맞는지 빠르게 판단할 수 있도록 명확하고 간결하게 작성합니다.
채널 핸들	@채널명 형태로, 각 채널에 고유하게 부여되는 짧은 식별자입니다. 댓글, 숏츠 등에서 채널을 쉽게 언급하고 태그할 수 있게 해 줍니다.

✔ 브랜딩 핵심 팁

모든 시각적 요소(프로필, 배너)는 채널의 색상, 폰트, 분위기를 일관성 있게 유지해야 합니다. 이는 채널을 '하나의 브랜드'로 인식시켜 시청자의 충성도를 높이는 가장 기본적인 방법입니다.

체류 시간 증가는 시각적 매력과 채널의 명확한 정보 제공에서도 시작됩니다.

(3) 일관된 브랜딩 요소

프로필, 배너, 워터마크의 색상, 디자인, 메시지가 일관성을 유지해야 합니다.

전문적이고 깔끔한 느낌은 채널에 대한 신뢰도를 높이고, 시청자가 쉽게 채널을 기억하게 합니다.

(4) 명확한 채널 소개 및 링크

- 소개글: 채널의 주제와 목표를 명확하게 설명하여, 방문자가 1초 만에 채널이 자신과 관련

있는지 판단하게 해야 합니다.

- 외부 링크: 웹사이트, SNS, 기타 채널 등 관련 링크를 배너에 명확히 표시하여 시청자가 채널 밖에서도 브랜드와 연결되게 합니다.

이러한 맞춤 설정은 채널의 '얼굴'을 정돈하고, 시청자가 채널에 들어왔을 때 '이 채널에 더 머물러야겠다.'라는 확신을 주어 체류 시간을 극대화하는 가장 기초적이면서도 강력한 방법입니다.

Chapter 3

콘텐츠 기획 및 제작 준비:
매력적인 영상을 만드는 설계도

유튜브 채널의 성공은 단순히 영상을 잘 만드는 기술을 넘어, 철저한 사전 기획에서 시작됩니다. 콘텐츠 기획과 제작 준비는 채널의 목표를 달성하고 시청자 체류 시간을 극대화하는 가장 중요한 단계입니다.

01. 타깃 분석: 누구를 위한 채널인가?(Who is your audience?)

콘텐츠를 시작하기에 앞서, '누가 내 영상을 시청할 것인가?'에 대한 명확한 이해가 필수입니다. 불특정 다수가 아닌, 특정 그룹의 필요와 관심사를 충족시키는 것이 핵심입니다.

- 잠재 시청자 설정: 성별, 연령대, 직업, 관심사, 라이프스타일 등 구체적인 페르소나를 설정합니다. (예: 20대 후반 직장인, 자기 계발에 관심 많은 주부, 최신 게임 정보를 원하는 10대 등)
- 니즈(Needs)와 문제점 파악: 설정한 타깃이 유튜브에서 어떤 정보, 재미, 해결책을 찾고 있는지 파악합니다. (예: '빠르고 쉬운 집밥 레시피', '재미있는 직장 생활 브이로그')
- 경쟁 채널 분석: 타깃이 시청하는 유사 채널을 분석하여, 내 채널만이 제공할 수 있는 차별점(Unique Selling Proposition, USP)을 찾습니다.

❂ 타깃 분석의 중요성

타깃이 명확해야 콘텐츠 주제, 말투, 편집 스타일이 일관성 있게 정해지며, 이는 곧 알고리즘이 채널을 특정 시청자 그룹에 정확히 추천하도록 돕습니다.

타깃이 결정되었다면, 어떤 형식으로 콘텐츠를 전달할지 결정해야 합니다. 콘텐츠 유형은 시청자의 기대치와 채널의 성격에 직접적인 영향을 미칩니다.

콘텐츠 유형	주요 특징	적합한 채널/타깃
V-log	일상 공유, 개인의 라이프스타일 기록. 편안하고 친근한 분위기.	라이프스타일, 뷰티, 패션, 특정 직업인의 일상 (진솔한 소통 원하는 타깃)
교육/ 정보 전달	지식, 기술, 노하우를 체계적으로 전달. (강의, 튜토리얼)	재테크, IT 기술, 외국어 학습, 자기 계발 (배움을 원하는 타깃)
리뷰/ 언박싱	제품, 서비스, 장소에 대한 사용 후기나 평가. (객관성, 솔직함 중요)	IT 기기, 화장품, 맛집, 도서 (정보 탐색 및 구매 결정에 도움 원하는 타깃)
엔터테인먼트	시청자에게 재미와 웃음을 제공 (몰래카메라, 챌린지, 게임 실황)	다양한 연령대의 대중 (지루함 해소 및 오락 원하는 타깃)
Shorts(쇼츠)	60초 미만의 짧고 임팩트 있는 세로 영상. (높은 몰입도 요구)	빠른 트렌드 공유, 핵심 정보 요약, 짧은 재미 전달(모바일 환경에 익숙한 타깃)

03. 기획 단계: 콘텐츠 주제, 스토리보드, 대본 작성

좋은 아이디어를 구체적인 영상으로 만들기 위한 3단계 작업입니다.

1) 콘텐츠 주제 및 아이디어 확정

- 트렌드 분석: 유튜브 인기 급상승 동영상, 구글 트렌드, 커뮤니티 등을 참고하여 현재 시청자들이 관심 갖는 주제를 파악합니다.
- 키워드 도출: 주제와 관련된 **핵심 키워드**를 선정하여, 시청자의 검색에 노출될 수 있도록 준비합니다.
- 차별화 요소 추가: 일반적인 주제라도 '나만의 관점', '새로운 형식'을 더해 경쟁력을 확보합니다.

2) 스토리보드(Storyboard) 및 촬영 계획

- 정의: 동영상의 각 장면을 그림과 간략한 설명으로 시각화한 일종의 만화책입니다.
- 역할: 촬영에 필요한 소품, 장소, 구도, 출연진의 행동 등을 미리 계획하여 **촬영 효율성**을 높이고, 편집 시 발생할 수 있는 오류를 최소화합니다.
- 체류 시간 기여: 영상의 흐름을 논리적으로 구성하고 불필요한 장면을 제거하여 **시청 지속 시간**을 늘리는 데 필수적입니다.

스토리보드 예시 화면

이미지는 생성형 AI를 활용하여 제작된 이미지입니다.

장면(이미지)	대사	행동	컷길이

3) 대본 작성(Script Writing)

- 정의: 영상에 들어갈 모든 말, 내레이션, 자막 등을 문서로 작성하는 작업입니다.
- 역할:
- 도입부 집중: 특히 영상 시작 30초 안에 시청자의 호기심을 유발하고 영상의 핵심 주제를 제

시하는 문구를 명확히 작성해야 합니다.

- 일관성 유지: 주제에서 벗어나지 않고 핵심 내용을 명료하게 전달할 수 있도록 돕습니다.

04. 썸네일 & 제목 기획의 중요성: '클릭'을 유도하는 관문

아무리 좋은 콘텐츠도 시청자가 클릭하지 않으면 아무 소용이 없습니다. 썸네일과 제목은 시청자가 동영상을 시청할지 말지를 결정하는 '클릭 유도율(CTR)'의 핵심 요소입니다.

1) 썸네일(Thumbnail) 기획 전략

- 시인성: 작은 화면에서도 **무엇을 말하는 영상인지** 한눈에 알아볼 수 있도록 간결하게 디자인해야 합니다.
- 감정 유발: 놀람, 흥미, 호기심 등 시청자의 **감정을 자극하는 요소**(표정, 드라마틱한 장면)를 포함합니다.
- 텍스트 활용: 썸네일에 들어가는 문구는 제목을 보충하거나, 제목보다 더 자극적이고 **핵심적인 메시지**를 담아야 합니다. (최대 3~4단어 이내 권장)

2) 제목(Title) 기획 전략

- 검색 가능성(SEO): 영상의 핵심 키워드를 제목의 **앞부분**에 배치하여 검색 노출을 최적화합니다.
- 호기심 유발: 시청자가 결과를 알고 싶어지거나 궁금증을 느끼도록 **질문형, 비교형, 파격적인 표현**을 사용합니다.
- 명확한 정보: '무엇에 대한 영상'인지 명확하게 설명하여, 클릭이 시청자의 기대와 일치하도록 합니다. (낚시성 제목 방지)

촬영 및 편집 기초: 콘텐츠의 완성도를 높이는 실전 기술

아이디어 기획이 끝났다면, 이제 실제로 콘텐츠를 제작하는 단계입니다. 촬영과 편집은 시청자에게 콘텐츠를 효과적으로 전달하고 시청 경험의 질을 결정하는 핵심 요소입니다. 이 장에서는 기본적인 촬영 원칙부터 최신 트렌드인 쇼츠 제작, 그리고 초보자에게 유용한 무료 편집 프로그램인 캡컷(CapCut) 활용법까지 다룹니다.

01. 촬영 시 주의 사항: 영상의 기본 품질 확보

고가의 장비가 없더라도, 몇 가지 기본적인 원칙만 지키면 영상의 품질을 크게 향상시킬 수 있습니다.

1) 구도(Composition)

삼분할 법칙(Rule of Thirds): 화면을 가로, 세로 삼등분했을 때 교차점에 피사체나 주요 요소를 배치합니다. 이는 시각적으로 안정감 있고 흥미로운 구도를 만듭니다.

본 이미지는 생성형 AI를 활용하여 제작된 이미지입니다.

- 아이 레벨(Eye Level): 카메라 높이를 출연자의 눈높이에 맞추어 촬영하는 것이 가장 일반적이고 안정적인 구도입니다.
- 헤드룸/리드룸: 출연자의 머리 위 공간(헤드룸)을 너무 많이 남기지 않으며, 출연자가 바라보는 방향(리드룸)에 적절한 여백을 두어 시청자의 시선을 자연스럽게 유도합니다.

2) 조명(Lighting)

- 자연광 활용: 가장 저렴하고 효과적인 조명입니다. 창문 옆에서 촬영하거나 야외에서 해를 등지지 않도록 주의합니다.
- 3점 조명(Three-Point Lighting): 전문적인 환경에서 사용되며, **메인 조명(Key Light)**, 그림자를 부드럽게 하는 **보조 조명(Fill Light)**, 배경과 인물을 분리시키는 **후면 조명(Back Light)**을 활용하여 입체감을 살립니다.
- 얼굴 조명: 눈동자에 빛이 반사되어 생기를 부여하는 **아이 라이트(Eye Light)**를 확보하는 것이 중요합니다.

3) 음향(Audio)

- 음향의 중요성: 시청자는 영상 화질이 조금 떨어져도 소리가 좋으면 참고 시청하지만, 소리가 나쁘면 즉시 이탈합니다. **음향은 영상 품질의 50% 이상**을 차지합니다.
- 마이크 사용: 스마트폰 내장 마이크보다는 **핀 마이크(Lavalier)**나 **샷건 마이크**를 사용하여 출연자의 목소리를 깨끗하게 녹음해야 합니다.
- 주변 소음 최소화: 촬영 전 에어컨, 냉장고, 창밖 소음 등을 점검하고 조용한 환경을 조성합니다.

Chapter 5

업로드와 SEO 최적화:
알고리즘의 선택을 받는 비결

콘텐츠 제작의 마지막 단계이자, 채널의 성공을 결정짓는 핵심 단계는 바로 업로드 및 검색 엔진 최적화(SEO)입니다.

아무리 훌륭한 영상을 만들었더라도, 유튜브 알고리즘과 시청자의 검색에 노출되지 않으면 소용이 없습니다.

이 장에서는 동영상을 효과적으로 등록하고, 알고리즘의 추천을 받을 수 있는 전략을 상세히 설명합니다.

01. 업로드 과정 체크리스트: 메타데이터의 중요성

유튜브 동영상의 **메타데이터(Metadata)**, 즉 제목, 설명, 태그, 썸네일은 알고리즘이 해당 영상의 내용을 이해하고 시청자에게 추천할 여부를 판단하는 기초 정보입니다.

메타데이터 요소	역할 및 최적화 전략	알고리즘 기여도
제 목 (Title)	클릭 유도(CTR)와 검색 노출(SEO)의 핵심. 영상의 핵심 키워드를 **앞부분**에 배치하고, 시청자의 호기심을 자극하는 문구를 결합합니다.	최상
설 명 (Description)	영상에 대한 상세 정보 제공. **첫 2줄**에 핵심 내용을 요약하고, 관련 키워드를 자연스럽게 반복합니다(200~500자). 채널 링크, 재생 목록 링크 등 추가 정보를 제공합니다.	높음 (키워드/맥락제공)
태 그 (Tags)	영상의 주제와 관련된 키워드를 알고리즘에게 알려줍니다. 메인 키워드, 서브 키워드, 경쟁 채널 이름, 오타 등을 포함합니다.	중간 (검색 노출 보조)
썸 네 일 (Thumbnail)	클릭 유도율(CTR)의 90%를 결정. 제목과 시너지 효과를 내도록 디자인합니다. 고해상도, 명확한 이미지, 감정을 자극하는 요소가 필수입니다.	최상(클릭 결정)

✅ **핵심**

이 모든 요소는 서로 유기적으로 연결되어야 합니다.

(예: 제목의 키워드 = 설명의 키워드 = 영상의 내용)

02. 유튜브 SEO 기본 전략: 검색을 통한 유입 극대화

유튜브 SEO(Search Engine Optimization)는 동영상이 검색 결과나 추천 피드에 더 잘 노출되도록 하는 전략입니다.

1) 키워드 분석 및 활용

- 키워드 발굴: 시청자가 실제로 검색할 만한 키워드(롱테일 키워드 포함)를 찾습니다.
  (예: '여행 준비' 대신 '겨울 제주도 2박 3일 렌터카 없이 여행 준비')

- 키워드 밀도: 제목, 설명, 태그에 핵심 키워드를 **자연스럽게** 반복하여 삽입합니다.
  과도한 반복(키워드 스터핑)은 오히려 알고리즘에 불이익을 받을 수 있습니다.

- 시청자 의도 파악: 시청자가 '정보(How-to)', '재미(Entertainment)', '후기(Review)' 중
  어떤 의도로 검색했는지 파악하고, 그 의도에 맞는 내용과 메타데이터를 제공합니다.

2) 해시태그(#Hashtags) 활용

- 목적: 해시태그는 주로 유튜브 모바일 앱에서 **관련 주제**의 콘텐츠를 모아볼 때 사용됩니다.
- 전략: 설명란에 관련 해시태그를 15개 이내로 작성합니다. 가장 관련성이 높은 3~4개의 해시태그가 동영상 제목 위에 표시되어 노출을 돕습니다.
- 주의: 해시태그를 너무 많이 사용하거나, 영상과 무관한 해시태그를 사용하면 스팸으로 간주될 수 있습니다.

03. 추천 알고리즘에 맞는 업로드 습관

알고리즘은 콘텐츠의 질 뿐만 아니라 채널의 운영 방식도 중요하게 평가합니다. 일관된 업로드

습관은 채널의 신뢰도를 높이고 알고리즘의 지속적인 추천을 이끌어 냅니다.

1) 일관된 업로드 주기(Consistency)

- 전략: 매주 특정 요일, 특정 시간에 영상을 업로드하는 것이 좋습니다. 구독자는 이 주기에 익숙해져 채널 방문을 예상하게 되며, 알고리즘은 채널이 꾸준히 활성화되고 있음을 인지합니다.
- 알고리즘 역할: 알고리즘은 새로운 영상이 올라왔을 때 초기에 구독자들에게 노출을 '테스트'합니다. 이 테스트 기간에 반응이 좋으면 더 넓은 시청자층에 추천을 확대합니다.
- 초기 반응률 관리: 업로드 후 **첫 24시간** 동안의 시청 지속 시간, 클릭률, 상호 작용(댓글/좋아요)이 알고리즘의 다음 행동을 결정합니다.
- 노하우: 업로드 직후 커뮤니티 탭이나 SNS를 통해 구독자에게 알림을 보내 초기 유입을 촉진합니다.

04. 재생 목록(Playlist) 활용법: 체류 시간의 마법

재생 목록은 시청자가 한 영상을 본 후 자연스럽게 다른 영상으로 넘어가도록 유도하여 **시청자 체류 시간(Watch Time)을 극대화**하는 가장 효과적인 도구입니다.

활용 목적	전략적 재생 목록 구성	체류 시간 기여
시리즈화	특정 주제에 대한 심화 강좌, 단계별 튜토리얼 등을 순서대로 묶습니다.	시청자가 목표를 달성하기 위해 다음 영상을 반드시 보게 만들어 연속 시청을 보장합니다.
카테고리 분류	채널의 다양한 콘텐츠를 주제별로 깔끔하게 분류합니다. (예: '여행 브이로그', 'IT 기기 리뷰', '일상 잡담')	방문자가 채널 홈에서 원하는 주제를 쉽게 찾아 여러 영상을 탐색하게 합니다.
새로운 시청자 유입	채널의 '입문' 영상을 재생 목록의 첫 번째에 배치하고, 가장 인기 있는 영상을 뒤따르게 구성합니다.	신규 시청자가 채널의 최고 콘텐츠를 연속으로 경험하게 하여 구독을 유도합니다.

1) 설정 노하우

- 매력적인 제목: 재생 목록의 제목도 검색에 노출됩니다.

'강좌 1' 대신 '초보자를 위한 유튜브 SEO 완벽 가이드 [4부작]'처럼 매력적으로 작성합니다.

2) 채널 홈 배치

맞춤 설정을 통해 재생 목록 섹션을 채널 홈에 눈에 띄게 배치하여 시청자가 쉽게 접근하도록 유도합니다.

이러한 업로드 및 SEO 전략은 채널의 '발견 가능성(Discoverability)'을 높이고, 알고리즘의 혜택을 극대화하여 채널을 성장시키는 필수적인 기반이 될 것입니다.

Chapter 6

채널 성장 전략(중급~고급) : 데이터를 통한 도약

기초적인 콘텐츠 제작과 업로드 과정을 마쳤다면, 이제 채널을 한 단계 더 성장시킬 차례입니다. 중급 및 고급 전략의 핵심은 **데이터 분석 기반의 의사 결정과 플랫폼 기능을 최대한 활용**하는 것입니다.

01. 데이터 분석: 유튜브 스튜디오 분석 지표 해석

성장 정체기를 극복하고 채널을 도약시키기 위해서는 감이 아닌, 숫자에 기반하여 콘텐츠를 개선해야 합니다. 유튜브 스튜디오의 '분석(Analytics)' 탭은 채널 운영의 나침반입니다.

1) 노출(Impressions) 및 CTR(Click-Through Rate, 클릭률)

⬤ 노출(Impressions)이란?
"사람들이 유튜브 화면에서 내 영상의 썸네일을 본 횟수"입니다.

쉽게 말해, 유튜브가 내 영상을 사람들에게 '보여 준 횟수'
홈 화면, 추천 영상, 검색 결과 등에 얼마나 많이 노출됐는지를 말합니다.

➡ "아, 유튜브가 내 영상 썸네일을 몇 번이나 사람들 앞에 띄워줬는지를 의미하구나."라고 이해하면 됩니다.

(1) CTR(Click-Through Rate, 클릭률)이란?

'내 썸네일을 본 사람 중 실제로 클릭한 사람의 비율'입니다.

예를 들어, 100명이 썸네일을 봤는데 5명이 클릭했다면

➡ CTR = 5%

즉, 사람들이 '보고 싶다'라고 느껴서 클릭했는지의 정도를 나타내는 지표입니다.

✪ 아주 쉽게 해석하면?

(2) CTR이 낮다는 것은?

➡ '사람들이 썸네일을 봤는데 클릭하고 싶지 않았다.'

➡ '관심이 덜 갔다.'

➡ '썸네일이 별로거나 제목이 약하다.'라는 의미!

일반적으로 CTR이 4% 미만이면 '개선 필요'라고 봅니다.

(3) CTR이 높다는 것은?

➡ 썸네일·제목이 매력적이다.

➡ 관심을 끌어서 사람들이 많이 클릭했다.

➡ 알고리즘이 "오! 사람들이 좋아하네?" 하고 더 넓게 퍼뜨린다.

결론: 클릭률이 높을수록 조회 수 올라감 ➡ 알고리즘도 좋아함

(4) 어떻게 활용하면 될까?

✔ CTR 낮음(4% 이하)

　썸네일 디자인 변경

　제목을 더 자극적·명확하게

　궁금증을 유발하는 문구 사용.

➡ 즉, '사람이 클릭하고 싶게 만드는 매력 업그레이드 필요.'

✔ CTR 높음(5~10% 이상)

썸네일·제목이 매우 잘 작동 중!

유튜브가 영상 더 많이 보여 주기 시작함.

조회 수도 자연스럽게 상승.

➡ '이 느낌으로 계속 만들면 된다'라는 뜻.

● 한 문장으로 요약하면?

노출은 '얼마나 잘 보였는가.', 클릭률은 '얼마나 끌렸는가.'입니다.

CTR이 높아야 조회 수가 잘 나오고, 알고리즘 추천도 폭발합니다.

2) 시청 지속 시간(Average View Duration, AVD) 및 유지율(Audience Retention)

(1) 시청 지속 시간(AVD)이란?

'사람들이 내 영상을 평균적으로 얼마나 길게 봤는가?'를 말해요.

예를 들어, 영상 길이가 10분인데 사람들이 평균 4분을 봤다면,

➡ AVD = 4분

즉, '내 영상을 얼마나 오래 봤는지'를 숫자로 보여 주는 지표입니다.

(2) AVD가 중요한 이유?

오래 보면 → 유튜브가 "좋은 영상이네!"라고 판단, 그래서 더 많은 사람에게 추천해 줍니다.

(3) AVD = 알고리즘이 좋아하는 핵심 지표입니다.

(4) 유지율(Audience Retention)이란?

'시청자가 내 영상을 끝까지 보는 비율'입니다.

영상 전체 중에서 몇 %까지 시청했는지를 보여 줍니다.

예시) 영상이 10분이고 평균적으로 5분을 봤다면,

➡ 유지율 = 50%

즉, '시청자가 영상에 얼마나 머물렀는가.'를 나타내는 지표입니다.

(5) AVD vs 유지율 쉽게 비교하기

개념	쉬운 설명	예시
시청 지속 시간(AVD)	사람들이 평균 몇 분을 봤는가	평균 4분
유지율	영상의 몇 %를 시청했는가	40% 유지율

➡ 둘 다 '사람들이 영상을 얼마나 잘 봤는가?'를 판단하는 핵심 지표입니다.

● 왜 중요할까?

유튜브 입장에서, 끝까지 잘 보는 영상 = 재밌고 유익한 영상입니다.

그래서 이런 일이 생깁니다:

유지율이 높다 → 많이 추천됨

시청 지속 시간이 길다 → 조회 수 상승

사람들이 오래 본다 → 유튜브는 그 채널을 '믿을 만한 채널'로 판단

즉, 성공하는 유튜브 채널은 둘 다 높습니다!

● 초보자를 위한 이해 포인트

✔ 유지율이 떨어지는 지점이 있다?

→ 그 부분이 재미없거나 길게 느껴지는 것

→ 다음 영상에서 해당 부분을 짧게 편집하거나 구성 변경 필요합니다.

✔ 영상 초반에서 이탈이 높다?

→ 시작 3초가 약하다는 뜻

→ 인트로를 짧고 강하게 교체해야 함

✔ 영상 끝까지 잘 본다면?

→ 알고리즘이 좋아하는 '고품질 영상'

→ 추천→조회 수 상승→채널 성장으로 이어짐!

✅ 한 문장으로 요약!

시청 지속 시간은 '얼마나 오래 봤는지',

유지율은 '얼마나 끝까지 봤는지'.

둘 다 높아야 유튜브가 영상을 많이 추천해 준다!

3) 시청자 도달률(Reach)

(1) 시청자 도달률(Reach)이란?

'내 영상이 어디에서, 얼마나 많은 사람에게 보였는지'를 알려 주는 지표입니다.

쉽게 말해:

유튜브가 내 영상을 어디에서 보여 줬는지(검색? 홈? 추천?),

사람들에게 몇 번 노출됐는지를 보여 주는 화면입니다.

➡ '내 영상이 사람들 앞에 얼마나 노출됐는지'라고 이해하면 됩니다.

(2) 어떤 경로로 사람들이 내 영상을 보러 왔는지 알 수 있습니다.

시청자 도달률은 영상 유입 경로를 크게 이렇게 나눕니다:

❶ 추천(Suggested Video)

유튜브가 '이 사람은 이 영상도 좋아하겠다!' 하고 옆에 띄워 주는 추천 목록

유입이 많을수록 알고리즘이 '이 채널, 괜찮다!'라고 평가하는 것

❷ 탐색(Browse Features)

유튜브 메인 홈 화면

인기 동영상, 구독 탭 등

→ 사람들이 일상적으로 유튜브를 사용할 때 자연스럽게 보게 되는 영역

❸ 검색(Search)

사용자가 특정 단어나 키워드를 검색해서 내 영상을 찾은 경우

❹ 외부 유입(External)

카카오톡, 블로그, 인스타그램, 네이버 카페 등 유튜브 밖에서 들어온 경우

(3) 도달률을 보면 무엇을 알 수 있을까?

❶ 추천·탐색 유입이 늘어난다?

✔ 유튜브 알고리즘이 내 영상을 긍정적으로 평가하고 있다는 뜻!

→ 앞으로 더 많은 사람에게 자동으로 추천될 가능성이 큼

→ 조회 수 상승의 핵심 신호

❷ 검색 유입이 많다?

✔ 영상 제목, 키워드 설정을 잘했다는 뜻

→ SEO(검색 최적화)에 강점이 있는 콘텐츠

❸ 외부 유입이 많다?

✔ SNS 공유, 블로그 홍보 등 외부 플랫폼에서의 홍보가 효과적이었다는 의미

→ '퍼가며 퍼져 나가는 영상'이라는 좋은 신호

(4) 시청자 도달률을 어떻게 활용하면 좋을까?

❶ 추천·탐색 유입이 많을수록?

→ '영상 퀄리티와 유지율이 좋다'라는 뜻이므로 이 스타일로 계속 제작!

❷ 검색 유입이 강하다면?

→ 제목·해시태그·키워드 전략을 동일하게 계속 활용!

❸ 외부 유입이 많다면?

→ SNS 홍보를 강화하면 더 많은 시청자를 끌어올 수 있음.

✅ 한 문장으로 요약!

시청자 도달률은 '내 영상이 어디서 사람들에게 발견됐는지'를 보여 주는 지표이며,

추천·탐색 유입이 많으면 알고리즘이 좋아하고, 외부 유입이 많으면 SNS 홍보 효과가 좋다는 뜻입니다.

02. 조회 수 늘리기: CTR, 시청 유지율 관리의 실전

데이터 분석을 통해 얻은 인사이트를 바탕으로 실제 콘텐츠 조회 수를 늘리는 실전 전략입니다.

1) CTR 극대화 전략(클릭 유도)

가설 설정 및 테스트[A/B 테스트] 기존 썸네일/제목을 A안으로 두고, 새로운 B안을 제작하여 CTR 변화를 테스트합니다. 어떤 썸네일이 더 반응이 좋은지 비교하는 방법

어려워 보이지만 사실 매우 간단합니다.

➡ A라는 썸네일과 제목 vs B라는 새로운 썸네일과 제목을 비교해 보는 것입니다.
예를 들어,
A안: 기존 썸네일
B안: 새로 만든 썸네일(색 더 선명, 문구 더 자극적)
두 개를 비교해 보고, 어떤 게 CTR이 더 높은지 확인하면 됩니다.

(1) 왜 해야 할까?

초보자는 '이게 예쁘니까 잘 되겠지?'라고 생각하지만
실제로는 예상과 다르게 반응이 나오는 경우가 매우 많습니다.
그래서 가설을 세우고 → 테스트하는 과정이 꼭 필요합니다.

(2) 감정적 요소 활용

썸네일에 **충격, 호기심, 공감** 등 강력한 감정을 유발하는 표정이나 문구를 사용합니다.
사람들은 감정이 움직일 때 클릭합니다.
충격 😱
궁금증 🤔

공감 😞

재미 😁

무서움 😨

이런 감정들이 자극되면 "이게 뭐지…?"하고 자연스럽게 클릭하게 됩니다.

2) 초보자가 쉽게 적용할 수 있는 방법

- 얼굴 표정 크게 넣기

  "이거 진짜 가능함?" 같은 궁금증 문구

- Before→After 대비되는 이미지

- 문제 해결을 보여 주는 장면

➡ 감정이 느껴지면 CTR은 무조건 올라갑니다.

3) 키워드 배치

메인 키워드를 제목의 앞부분에 배치하여 검색 시 눈에 잘 띄도록 합니다.

유튜브는 길게 써도 제목이 한눈에 보이지 않습니다.

특히 모바일에서는 앞부분만 보이고 뒷부분은 잘립니다.

그래서 중요한 단어(키워드)는 앞에 둬야 합니다.

✅ 예시

✖ 잘못된 제목

'이 식재료를 활용해 만든 초간단 김치찌개 레시피'

⭕ 좋은 제목

'김치찌개 레시피 ─ 이 식재료만 넣으면 맛이 확 달라져요!'

앞부분에 김치찌개라는 핵심 키워드를 배치해야

검색·탐색 노출에서 더 잘 보이고 클릭이 잘 나옵니다.

✅ 쉽게 요약하면?

A/B 비교는 "어떤 썸네일이 더 잘 먹힐까?" 실험하는 과정

감정 자극은 클릭을 유도하는 핵심

키워드는 제목 앞부분에 두어야 잘 보임

➡ 이 세 가지만 지켜도 CTR이 확 달라집니다.

4) 시청 유지율 관리 전략(이탈 방지)

- 후킹(Hooking) 도입: 영상 시작 10초 이내에 **영상에서 가장 재미있는 하이라이트나 핵심 결과**를 먼저 보여 주어 시청자의 궁금증을 폭발시킵니다.
- 빠른 템포: 컷 편집을 빠르게 하고, 불필요한 설명이나 공백을 최소화하여 지루할 틈을 주지 않습니다.
- 시각적 변화: 영상의 중간중간 화면 전환, 자막 효과, 효과음 등을 사용하여 시청자의 시각적 피로도를 줄이고 집중을 유지하게 합니다.

03. 수익화 조건과 애드센스 이해

유튜브는 크리에이터가 플랫폼 활동을 통해 수익을 창출할 수 있는 다양한 방법을 제공합니다.

1) 유튜브 파트너 프로그램(YPP) 조건

➡ 조건(현재 기준):

- 구독자 수: 1,000명 이상
- 시청 시간: 지난 12개월 동안 **공개 동영상 유효 시청 시간 4,000시간** 이상

  또는 지난 90일 동안 **공개 Shorts 동영상 조회 수 1,000만 회** 이상

  커뮤니티 가이드 위반 경고가 없어야 하며, 애드센스 계정이 연결되어야 합니다.

2) 애드센스(AdSense)의 역할

- 정의: 구글이 제공하는 광고 프로그램으로, 유튜브 채널을 YPP에 가입하면 동영상에 광고를 게재하고 수익을 분배받는 시스템의 기반이 됩니다.
- 수익화 원리: 시청자가 동영상의 광고를 시청하거나 클릭할 때 수익이 발생하며, 이 수익을

구글과 크리에이터가 특정 비율로 나눕니다.

- 노하우: 긴 영상(8분 이상)의 경우, 영상 중간에 삽입되는 '미드롤 광고(Mid-roll Ads)'를 전략적으로 배치하여 광고 수익을 극대화할 수 있습니다.

04. 협업, 크로스 프로모션, 라이브 스트리밍 활용

채널 성장의 속도를 높이는 외부 전략과 플랫폼 기능 활용입니다.

1) 협업(Collaboration) 및 크로스 프로모션

- 목표: 새로운 시청자층과 상호 교환하여 채널의 노출을 확장합니다.
- 전략:
- 유사/보완 채널 선정: 비슷한 타깃을 가지거나(유사), 내 채널의 부족한 부분을 채워줄 수 있는(보완) 다른 채널과 협업합니다.

2) 크로스 프로모션

협업 영상을 상대 채널에도 올리고, 내 채널의 영상 설명란에 상대 채널 링크를 포함하여 서로의 구독자를 교환하도록 유도합니다.

3) 라이브 스트리밍(Live Streaming) 활용

- 목표: 구독자와의 친밀도를 극대화하고, 실시간 상호 작용을 통해 충성도를 높입니다.
- 전략:
- Q&A 및 소통: 실시간으로 구독자의 질문에 답하고 고민을 공유하며 친밀감을 형성합니다.
- 콘텐츠 확장: 라이브를 통해 새로운 콘텐츠 아이디어를 얻거나, 미공개 비하인드를 공개하여 흥미를 유발합니다.
- 수익 창출: 슈퍼챗(Super Chat) 등 실시간 유료 후원 기능을 통해 직접적인 수익을 창출할 수 있습니다.

이러한 고급 전략들을 통해 크리에이터는 단순히 콘텐츠를 만드는 것을 넘어, 데이터를 읽고, 시청자의 마음을 이해하며, 채널을 하나의 강력한 브랜드로 성장시킬 수 있습니다.

Chapter 7

유튜브 성공을 위한 지속 성장 노하우: 채널의 장기적인 발전 전략

유튜브에서 단기적인 성공을 넘어 지속적으로 성장하는 채널이 되기 위해서는 체계적인 관리, 활발한 소통, 그리고 법규 준수가 필수적입니다. 이 장에서는 채널의 수명을 늘리고 브랜드 가치를 높이는 장기적인 운영 전략을 다룹니다.

01. 콘텐츠 업로드 일정 관리: 시청자와의 약속

일관된 콘텐츠 제공은 알고리즘의 선호도를 높이고 구독자의 충성도를 확보하는 핵심입니다.

1) 정기적인 업로드 주기 설정

자신의 제작 역량과 생활 패턴을 고려하여 현실적인 업로드 주기를 정해야 합니다.

(예: 주 1회 수요일 저녁 8시, 2주 1회 금요일)

2) 노하우

콘텐츠가 없어도 채널이 잊히지 않도록, 정기 업로드 사이에는 Shorts, 커뮤니티 게시글 등을 활용하여 존재감을 유지하는 것이 좋습니다.

3) 콘텐츠 비축(Buffer) 확보

갑작스러운 사정이나 번아웃에 대비하여 **최소 2~3개 이상의 완성된 영상**을 미리 편집하여 비축해 두는 것이 중요합니다.

3) 체계적인 관리

콘텐츠 주제, 촬영일, 편집 마감일, 업로드 예정일 등을 정리한 **캘린더 또는 스프레드시트**를 사용하여 일정을 관리합니다.

4) 유튜브 예약 기능 활용

동영상을 미리 업로드하고 원하는 날짜와 시간에 자동으로 공개되도록 '**예약(Schedule)**' 기능을 적극적으로 활용하여 업로드 일정을 철저히 지킵니다.

02. 구독자와의 소통: 커뮤니티 구축

유튜브는 단순한 영상 시청 공간을 넘어, 크리에이터와 구독자가 함께 만들어 가는 커뮤니티입니다.

1) 댓글 소통

업로드 후 초기 댓글에 빠르게 '**하트**'를 **누르거나 답글**을 달아 소통 의지를 보여 줍니다. 이는 구독자에게 소속감을 주고 초기 반응을 활성화하여 알고리즘에 긍정적인 신호로 작용합니다.

2) 노하우

다음 영상 주제에 대한 아이디어를 댓글에서 얻거나, 구독자의 궁금증을 해소하는 Q&A 영상을 기획할 수 있습니다.

3) 커뮤니티 탭 활용

영상 외적인 **일상 사진, 제작 비하인드, 설문조사** 등을 올려 구독자들과 꾸준히 상호 작용합니다.

4) 목표

업로드 주기가 길더라도 커뮤니티 탭을 통해 채널을 잊지 않도록 시청자를 붙잡아 두는 역할을 합니다.

5) 채널 멤버십(Channel Membership)

충성도 높은 구독자에게 월 구독료를 받고 특별한 혜택(전용 이모티콘, 비하인드 영상, 라이브 전용 채팅 등)을 제공하는 유료 서비스입니다.

- 활용: 채널의 주요 수익원 중 하나가 되며, 가장 충성도 높은 코어 팬층을 관리하고 보상하는 데 효과적입니다.

03. 저작권·광고 가이드라인 숙지: 채널 안전 확보

법적 문제를 예방하고 채널의 수익화 자격을 유지하기 위해 유튜브의 정책을 숙지하는 것은 매우 중요합니다.

1) 저작권(Copyright) 이해

음악, 영상 클립, 이미지 등 타인의 저작물을 무단으로 사용해서는 안 됩니다.

- 대안: 유튜브 오디오 라이브러리 또는 유료/무료 저작권 라이선스를 구매한 음원만 사용해야 합니다.

2) 콘텐츠 ID(Content ID)

유튜브는 저작권 보호를 위해 자동 감지 시스템(Content ID)을 운영합니다. 위반 시 경고가 누적되거나 수익 창출이 중단될 수 있습니다.

3) 광고주 친화적인 콘텐츠 가이드라인

폭력적이거나 선정적인 내용, 혐오 발언, 위험한 행동 등의 콘텐츠는 **광고가 붙지 않거나** 아예 수익 창출이 금지될 수 있습니다.

✅ 활용

항상 '**광고주에게 안전한**' 콘텐츠를 제작해야 채널의 지속적인 수익을 보장받을 수 있습니다. 유튜브 스튜디오의 '**수익 창출**' 섹션에서 광고 적합성 자가 진단을 활용합니다.

04. 성공적인 유튜브 채널을 운영하기 위한 마인드셋

기술과 전략만큼이나 크리에이터의 정신 자세가 장기적인 채널 운영에 결정적인 영향을 미칩니다.

1) 지속적인 피드백 수용

데이터 분석(CTR, 유지율)과 시청자 댓글을 통해 **솔직한 피드백**을 받아들이고 콘텐츠 개선에 활용합니다. 비판에 감정적으로 대응하기보다, 성장 기회로 삼아야 합니다.

2) 번아웃(Burnout) 관리와 휴식

혼자서 모든 것을 완벽하게 하려는 압박감은 번아웃을 초래합니다. **업로드 주기를 유연하게 조정**하거나, 포맷이 간단한 '쉬어 가는' 콘텐츠를 제작하는 등 자신만의 페이스를 유지하는 것이 중요합니다.

3) 팁

필요하다면 편집자나 매니저 등 **전문가의 도움**을 받아 제작 부담을 분산시킵니다.

4) 자기 복제 피하기

성공했던 콘텐츠에 안주하지 않고, **새로운 주제와 형식에 끊임없이 도전**해야 합니다.
플랫폼의 트렌드는 빠르게 변하므로, 크리에이터 역시 항상 변화를 모색해야 합니다.

5) 장기적인 관점 유지

유튜브 성장은 마라톤과 같습니다. 단기간의 조회 수나 구독자 수에 일희일비하지 않고,
채널의 비전과 가치를 꾸준히 전달하는 것에 집중해야 지속적인 성장을 이룰 수 있습니다.

[저작권 안내]

YouTube, Google, YouTube Studio는 Google LLC의 상표입니다.

[참고 자료]

본 교재는 다음 자료를 참고하여 교육 목적에 맞게 재구성되었습니다.

-YouTube 공식 크리에이터 아카데미(YouTube Creator Academy)
-YouTube Help Center 및 YouTube Studio 공식 가이드

-Google AdSense 및 YouTube 파트너 프로그램(YPP) 공식 문서

-Google Search Central 및 SEO 관련 공개 자료

-디지털 콘텐츠 마케팅 및 크리에이터 운영 관련 일반 교육 자료

-유튜브 운영 실무 경험 및 교육 콘텐츠 재구성

본 교재의 내용은 특정 자료의 단순 복제가 아닌,

교육 목적에 맞게 저자가 재구성·정리한 콘텐츠입니다.

숏폼 콘텐츠 크리에이터 입문: 성공적인 채널 성장을 위한 가이드북

목차

Chapter 1. 숏폼 시대의 이해: 왜 지금 숏폼인가? … 166

Chapter 2. 숏폼 콘텐츠 기획: 시청자의 시선을 훔치는 기술 … 170

Chapter 3. 촬영 & 편집 기초: 누구나 쉽게 만드는 숏폼 영상 … 175

Chapter 4. 고급 숏폼 제작 전략: 알고리즘을 지배하다 … 184

Chapter 5. 확산과 성장 전략: 채널의 장기적인 비전 … 188

숏폼 시대의 이해: 왜 지금 숏폼인가?

숏폼(Short-Form) 콘텐츠는 1분 내외의 짧은 길이로 제작되는 동영상을 통칭합니다.
스마트폰 사용이 보편화되고 정보 소비 속도가 빨라지면서, 시청자들은 긴 콘텐츠를 인내심 있게
보기보다 짧고 즉각적인 재미와 정보를 원하게 되었습니다.
이러한 시청 습관의 변화가 숏폼 콘텐츠의 폭발적인 성장을 이끌었습니다.

01. 숏폼 콘텐츠의 등장 배경과 트렌드

1) 등장 배경

스마트폰 보급으로 언제 어디서든 콘텐츠를 제작하고 시청하는 것이 가능해졌습니다. 바쁜 현대
인들은 출퇴근 시간이나 자투리 시간에도 부담 없이 소비할 수 있는 짧은 영상에 열광하게 되었
으며, 이것이 숏폼 콘텐츠가 주류가 된 결정적인 배경입니다.

2) 현재 트렌드

현재 숏폼은 단순한 춤이나 재미를 넘어 **교육(Edu-tainment), 지식 요약, 상품 리뷰, 챌린지, 몰
입형 스토리텔링** 등 다양한 분야로 확장되며 하나의 강력한 미디어 포맷으로 자리 잡았습니다.

02. 대표 플랫폼(유튜브 쇼츠, 인스타 릴스, 틱톡) 비교

숏폼 플랫폼은 '세로형' 콘텐츠를 중심으로 하지만, 각 플랫폼의 성격과 주요 타깃층이 조금씩 다
릅니다.

플랫폼	주요 특징	주요 타깃 및 콘텐츠 성격
틱톡(TikTok)	숏폼의 원조 강력한 알고리즘이 '개인의 관심사'에 집중하여 영상을 추천합니다.	10~20대 초반, 트렌드 생성, 댄스, 밈, 유머, 짧은 스토리가 특징
유튜브 쇼츠 (YouTube Shorts)	연계되어 긴 영상으로의 유입 통로 역할을 합니다.	다양한 연령대. 정보성 요약, 메인 채널 홍보, 기존 유튜브 시청층 유입
인스타그램 릴스 (Instagram Reels)	피드와 연동되어 있으며, 주로 팔로워 기반	20~30대. 패션, 뷰티, 라이프스타일, 브랜딩에 강점

03. 숏폼이 브랜드·개인 성장에 미치는 영향

숏폼은 매우 적은 비용으로도 폭발적인 **도달률**을 확보할 수 있는 강력한 도구입니다.

- 개인 성장: 누구나 쉽게 콘텐츠를 만들고, 알고리즘을 통해 수많은 사람에게 노출될 기회를 얻습니다. 이는 개인의 전문성이나 매력을 빠르게 알리는 '개인 브랜딩'의 지름길이 됩니다.
- 브랜드 성장: 짧은 시간에 상품의 특징이나 사용법을 임팩트 있게 전달하여 **인지도**를 높이고, 재미있는 챌린지를 통해 소비자들의 자발적인 참여를 유도할 수 있습니다.

04. 성공적인 숏폼 사례 간단 소개_영감을 주는 크리에이터들

유튜브에는 셀 수 없이 많은 크리에이터가 활동하고 있으며, 각자의 독특한 개성과 콘텐츠로 구독자들의 사랑을 받으며 성공을 거두고 있습니다. 다음은 몇 가지 대표적인 성공 사례를 통해 그들의 전략과 성공 요인을 살펴봅니다.

1) 대규모 채널: [유명 유튜버 이름 1 – 예: 이연복(이연복의 목란)]

◈ 성공 요인
- 명확한 전문성: 요리라는 명확한 주제와 이연복이라는 유명 인물의 전문성이 결합해 신뢰도를 높였습니다.
- 실용적인 정보: 누구나 따라 할 수 있는, 쉽고 맛있는 레시피를 제공하여 대중적 인기를 얻

었습니다.

- 친근한 소통: 전문적이면서도 친근하고 유쾌한 소통 방식이 시청자들에게 매력적으로 다가왔습니다.
- 일관된 콘텐츠: 꾸준히 고품질의 요리 콘텐츠를 제공하여 충성도 높은 구독자를 확보했습니다.

2) 특정 분야 전문 채널: [유명 유튜버 이름 2 – 예: 슈카월드(경제/시사)]

☑ 성공 요인

- 어려운 주제의 대중화: 복잡한 경제 및 시사 이슈를 쉽고 재미있게 풀어내어 비전문가도 이해하기 쉽게 만들었습니다.
- 독보적인 입담과 유머: 유튜버 특유의 유머 감각과 재치 있는 설명 방식이 시청자들을 사로잡았습니다.
- 깊이 있는 분석: 단순한 정보 전달을 넘어 심층적인 분석과 개인적인 인사이트를 제공합니다.
- 적극적인 소통: 실시간 방송과 댓글 소통을 통해 시청자들과 긴밀한 관계를 형성합니다.

3) 라이프스타일/브이로그 채널: [유명 유튜버 이름 3 – 예: 이사배(뷰티/메이크업)]

☑ 성공 요인

- 압도적인 전문성과 실력: 메이크업 아티스트로서 뛰어난 기술과 노하우를 아낌없이 공유합니다.
- 다양한 시도와 도전: 일반적인 뷰티 튜토리얼 외에 연예인 커버 메이크업, 상황극 등 다채로운 콘텐츠를 시도합니다.
- 진정성과 친근함: 구독자들과 솔직하고 진정성 있는 소통을 통해 친밀감을 형성합니다.
- 시각적인 아름다움: 고품질의 영상미와 깔끔한 편집은 뷰티 콘텐츠의 매력을 극대화합니다.

4) 엔터테인먼트/숏폼 채널: [유명 유튜버 이름 4 – 예: 피식대학(코미디)]

✔ 성공 요인

- 독창적인 캐릭터와 세계관: 실제 같은 가상의 캐릭터와 그들이 살아가는 세계관을 구축하여 몰입감을 높입니다.
- 탄탄한 기획력과 연기력: 코미디언 출신 멤버들의 탁월한 연기와 기획력이 시너지를 발휘합니다.
- 트렌드 반영과 패러디: 시대적 트렌드를 반영하거나 사회 현상을 풍자하는 콘텐츠로 공감대를 형성합니다.
- 숏폼 콘텐츠의 강점 활용: 짧고 임팩트 있는 클립으로 시청자들의 이목을 빠르게 집중시킵니다.

이들의 성공 사례는 유튜브에서 성공하기 위한 다양한 전략이 존재함을 보여 줍니다. 명확한 콘텐츠 기획, 전문성, 독창성, 그리고 시청자와의 진정성 있는 소통이 결합할 때 유튜브에서 자신만의 성공 스토리를 만들어낼 수 있습니다.

Chapter 2

숏폼 콘텐츠 기획: 시청자의 시선을 훔치는 기술

좋은 숏폼은 '계획된 재미와 정보'에서 나옵니다. 짧은 시간 안에 시청자의 마음을 움직일 수 있도록 철저히 기획해야 합니다.

01. 숏폼의 핵심 요소: 짧음·임팩트·공감

- 짧음(Brevity): 60초라는 제한된 시간 안에 하나의 메시지만 전달해야 합니다. 불필요한 인사는 생략하고 바로 본론으로 들어갑니다.
- 임팩트(Impact): 시청자의 시선을 사로잡을 수 있는 강력한 시각적/청각적 자극이 필수입니다. 빠른 편집, 극적인 표정, 트렌디한 음악을 활용합니다.
- 공감(Empathy): '내 이야기 같다.'라는 느낌을 주거나, 시청자가 몰랐던 유용한 정보('꿀팁')를 제공하여 댓글 참여를 유도해야 합니다.

02. 타깃 분석과 기획 방향 설정

- 타깃 설정: 내가 만들려는 숏폼이 '누구의 일상'에 필요한 콘텐츠인지 명확히 해야 합니다. (예: 10대 학생들의 학교생활 팁, 30대 육아맘의 살림 노하우 등)
- 기획 방향: 타깃이 좋아하는 '핵심 가치'를 채널의 방향으로 설정합니다. (예: '웃음과 힐링'을 주는 채널, '돈 되는 정보'만 주는 채널)

- 스토리보드: 숏폼은 짧지만, 장면의 전환이 많습니다. 10초짜리 영상이라도 '인트로-전개-결말'의 흐름을 3~5컷 정도로 미리 시각화하여 편집을 쉽게 만듭니다.
- 원샷 아이디어 발상법: 복잡한 기획 대신, '단 하나의 재미있는 상황'을 포착하는 것에 집중합니다. (예: 어떤 행동을 멈추면 안 되는 이유, 특정 물건을 사용하는 새로운 방법 등)

04. 흥미를 끄는 오프닝(3초 법칙) 기획

숏폼 알고리즘은 시청자가 영상을 끝까지 보는지(완시율)를 중요하게 봅니다.
그러므로 **영상의 첫 3초**가 시청자의 이탈을 막는 핵심입니다.

- 핵심 결과 제시: "당신이 찾던 최저가 상품, 바로 이거예요!"처럼 **결과**를 먼저 보여 줍니다.
- 자극적인 질문: "이거 아직도 모른다고요?"와 같이 시청자의 호기심을 유발합니다.
- 극적인 상황: 영상의 하이라이트 부분을 먼저 짧게 보여 주고, "어떻게 되었을까?"라는 궁금증을 남기며 본 영상으로 넘어갑니다.

05. 유튜브 쇼츠 전환율 폭발 스크립트 패턴

1) 훅(1초 컷) – 시청자를 붙잡는 시작_쇼츠 전환율은 첫 1초에서 결정됩니다.

✅ 패턴
"이건 꼭 알아야 합니다."
"3초 후면 이걸 못 본 걸 후회할 거예요."
"대부분 여기서 실수합니다."
"이거 한 번만 알면 인생이 편해져요."
"이거, 아무도 안 알려줍니다."
➡ 목적: 이탈 방지 + 끝까지 보게 만들기

2) 핵심 포인트 전달(5초 안에)_짧고 명확한 메시지 구조.

✅ 패턴

"방법은 단 3가지만 기억하세요."

"핵심은 이거 하나입니다."

"왜 중요한지 바로 보여 드릴게요."

"이걸 바꾸면 결과가 완전히 달라집니다."

➡ 목적: 가성비 높은 정보 전달 → 만족도↑ → 구독 전환↑

3) 감정 자극 포인트(공감 or 놀라움)_감정이 생기면 자연스럽게 반응(좋아요·댓글)이 올라 갑니다.

✅ 패턴

"이거 저만 몰랐나요?"

"진짜 되는지 의심했는데… 됩니다."

"여기서 대부분 멈춰요. 근데….."

"이 부분이 진짜 미쳤습니다."

➡ 목적: 참여율 상승 → 알고리즘 노출 강화

4) 반전 또는 의도된 궁금증 남기기_쇼츠의 핵심 = 다음 행동으로 이어지기.

✅ 패턴

"근데 진짜 중요한 건 다음입니다."

"이 부분은 쇼츠 하나로 설명이 안 됩니다."

"정확한 방법은 다음 영상에서 알려드릴게요."

"여기서 끝이라고요? 아닙니다."

➡ 목적: 다른 영상 이동 → 전환율 상승

5) 강력한 자연스러운 CTA(Call To Action)_억지스러운 "구독해 주세요."는 효과 없음. 행동할 이유를 만들어줘야 합니다.

⬤ 패턴(구독 유도)

"유용하셨다면 다음 영상도 꼭 보세요."

"실제로 써볼 만한 팁만 올립니다."

"저장해 두지 않으면 나중에 못 찾습니다."

⬤ 패턴(다음 영상 이동 유도)

"정확한 스텝-by-스텝은 제 채널에 있습니다."

"이다음 영상 보면 바로 이해됩니다."

"이건 기본이고, 진짜 꿀팁은 다음 영상!"

➡ 목적: 자연스러운 행동 유도 → 전환 폭발

6) 루프 구조(Loop) ― 반복 재생되는 스크립트_쇼츠는 '반복 재생'이 성과의 핵심.

⬤ 패턴_끝에서 다시 첫 문장으로 연결되는 구조

예)

첫 문장: "이건 꼭 알아야 합니다."

마지막 문장: "그래서, 아까 말한 '꼭 알아야 하는 이유'를 다시 보면…." → 첫 장면으로 연결

➡ 목적: 반복 조회 → 알고리즘 노출 급상승

7) 전체를 하나로 합친 쇼츠 스크립트 예시

① 1초 훅

"이 방법 하나만 알면 영상 퀄리티가 달라집니다."

② 핵심

"핵심은 딱 3가지예요. 첫째, 빛. 둘째, 각도. 셋째, 안정감."

③ 감정 포인트

"저도 이거 알기 전까지 영상이 항상 어설펐습니다."

④ 궁금증 유도

"근데 여기서 진짜 중요한 건 '어떤 빛을 어떻게 쓰는가'예요."

⑤ CTA

"이 부분은 다음 영상에서 실제 사례로 보여 드릴게요."

⑥ 루프

"이걸 알면 왜 '영상 퀄리티가 달라진다'라고 했는지 이해하실 겁니다."

→ 다시 첫 문장 관련 화면으로 자연스럽게 연결

유튜브 쇼츠 전환율(구독·좋아요·댓글·다른 영상 이동)을 폭발적으로 올리는 스크립트 구조 패턴입니다. 짧고 강렬해야 하는 쇼츠 특성을 반영해 적용해 보세요.

Chapter 3

촬영 & 편집 기초:
누구나 쉽게 만드는 숏폼 영상

전문적인 장비 없이도 스마트폰 하나로 고품질의 숏폼을 만들 수 있습니다. 중요한 것은 **효율적인 촬영과 편집 기술**입니다.

본 이미지는 생성형 AI를 활용하여 제작된 이미지입니다.

01. 필요한 장비: 스마트폰, 삼각대, 간단한 조명

- 스마트폰: 대부분의 최신 스마트폰은 숏폼에 충분한 영상 품질을 제공합니다. 세로 비율 (9:16)로 설정하고 촬영합니다.
- 삼각대(Tripod): 안정적인 화면을 위해 필수입니다. 저렴한 탁상용 삼각대나 셀카봉 겸용

제품이면 충분합니다.

- 간단한 조명: 어두운 곳에서 촬영할 경우, **링 라이트**와 같은 간단한 보조 조명을 사용하여 인물이나 피사체를 밝게 비추는 것이 좋습니다.

02. 촬영 팁: 세로 화면, 짧은 컷, 구도와 빛 활용

- 세로 화면(9:16): 숏폼의 기본 비율입니다. 스마트폰을 세로로 세워 화면 가득 채워 촬영합니다.
- 짧은 컷(Fast Pacing): 한 장면을 길게 찍지 않고, 3초 이내의 짧은 컷들로 빠르게 이어 붙이는 것을 염두에 두고 촬영합니다.
- 구도와 빛: **삼분할 법칙**을 활용해 인물을 중앙이나 좌우 3분의 1지점에 배치하고, 인물 얼굴에 빛이 잘 들어오도록 **자연광**을 활용하는 것이 좋습니다.

03. 무료 편집 프로그램: 캡컷(CapCut) 소개

캡컷(CapCut)은 틱톡(TikTok)의 모회사인 바이트댄스(ByteDance)에서 개발한 무료 동영상 편집 앱입니다. 강력한 기능과 직관적인 인터페이스 덕분에 초보 유튜버와 쇼츠 크리에이터에게 가장 인기 있는 모바일/PC 편집 프로그램 중 하나입니다.

◉ 주요 장점

- 완전 무료: 핵심 기능을 모두 무료로 제공합니다.
- 모바일/PC 지원: 스마트폰과 컴퓨터 모두 편집이 가능합니다.
- 쉬운 인터페이스: 직관적인 사용법으로 편집 초보자도 빠르게 숙달 가능합니다.
- 트렌디한 기능: 틱톡/쇼츠에 최적화된 자막 효과, 템플릿, 트랜지션 효과를 빠르게 업데이트합니다.

04. 캡컷 실전 활용법: 필수 편집 기술

1) 컷 편집(Cutting)

- 목표: 불필요한 공백, NG 장면, 말이 끊긴 부분을 잘라내어 영상의 **템포를 높이고** 시청 지

속 시간을 확보합니다.

- 활용법: 타임라인에서 클립을 선택한 후 '**분할(Split)**' 기능을 사용하여 잘라낼 부분을 분리하고, 해당 클립을 '삭제'합니다.
- 노하우: 말을 멈추거나 동작이 끊기는 부분은 과감하게 잘라내어 '점프 컷(Jump Cut)'을 활용하면 영상이 더욱 빠르고 재미있게 느껴집니다.

2) 자막 넣기(Subtitles)

- 목표: 시청자의 이해도를 높이고, 소리 없이 시청하는 환경(지하철, 도서관 등)에서도 콘텐츠를 소비할 수 있게 합니다.
- 활용법: 캡컷의 '**텍스트**' 메뉴를 사용하여 원하는 위치에 자막을 넣습니다.
- 자동 자막 기능: 캡컷은 음성을 인식하여 **자동으로 자막**을 생성해 주는 강력한 기능을 제공합니다. 이후 오타나 싱크가 맞지 않는 부분만 수정하면 됩니다.
- 노하우: 핵심적인 단어에 **볼드체, 색상, 효과** 등을 적용하여 강조하면 시청자의 집중도를 높일 수 있습니다.

3) 배경음악(BGM) 및 효과음 활용법

- 목표: 영상의 분위기를 조성하고, 지루함을 덜어주며, 장면 전환이나 행동에 재미 요소를 더합니다.
- 활용법: 캡컷의 '**오디오**' 메뉴에서 저작권 걱정 없는 **무료 음원 라이브러리**를 활용합니다.
- 배경음악: 영상의 전체적인 분위기를 해치지 않도록 **음량을 작게** 설정해야(보통 -20dB~-25dB), 출연자의 목소리(대사)가 묻히지 않습니다.
- 효과음(SFX): 특정 행동(클릭, 넘어짐, 놀람) 순간에 짧게 사용하여 영상의 재미와 몰입도를 높입니다.
- 저작권 주의: 유튜브 수익 창출을 위해서는 반드시 **상업적 이용이 가능한 음원**(유튜브 오디오 라이브러리, 캡컷 무료 라이브러리 등)을 사용해야 합니다.

이러한 촬영 및 편집 기술은 콘텐츠의 매력을 극대화하여 시청자가 채널에 머무르는 시간을 늘리고, 재방문을 유도하는 필수적인 요소입니다.

4) 캡컷 사용법(모바일 버전)

캡컷 사용법의 본 이미지들은 캡컷 화면을 캡처한 예시 이미지이며 교육 목적의 설명 자료입니다.

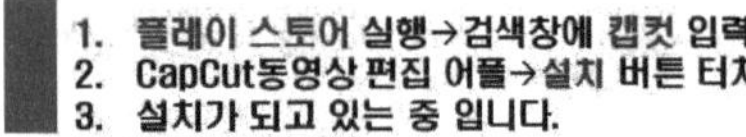

1. 플레이 스토어 실행→검색창에 캡컷 입력
2. CapCut동영상 편집 어플→설치 버튼 터치
3. 설치가 되고 있는 중 입니다.
4. 열기 버튼 터치

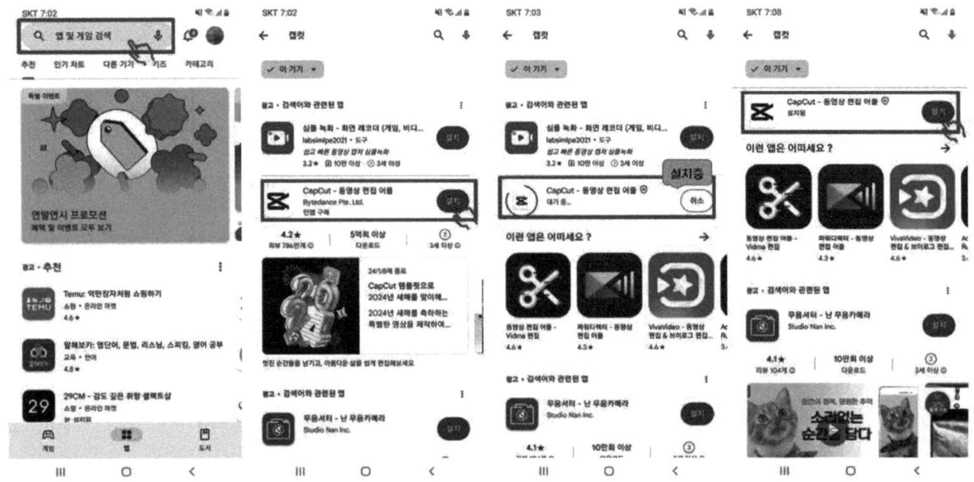

5. 캡컷이 실행 중에 있습니다.
6. 약관 내용을 읽어 보시고 동의합니다 터치

7. 회원님의 역할을 가장 잘 설명하는 것은 무엇인가요? 상황에 맞는 카테고리를 찾아 터치 해 주세요
8. (캡컷을 사용하는)어떤 목적을 갖고 계신가요? 상황에 맞는 카테고리를 찾아 터치 해 주세요
9. 캡컷으로 어떤 종류의 동영상을 제작하나요? 상황에 맞는 카테고리를 찾아 터치 해 주세요.

[화면에 보이는 것은 예시로 보여 드린것입니다.개인 상황에 맞는 카테고리를 터치 하시면 됩니다]

10. +새 프로젝트 터치
11. CapCut에서 기기의 사진, 미디어, 파일에 엑세스하도록 허용하시겠습니까? 허용 터치
12. 영상에 들어갈 사진이나 동영상을 터치 해 주세요.→ 하단 오른쪽에 추가 터치

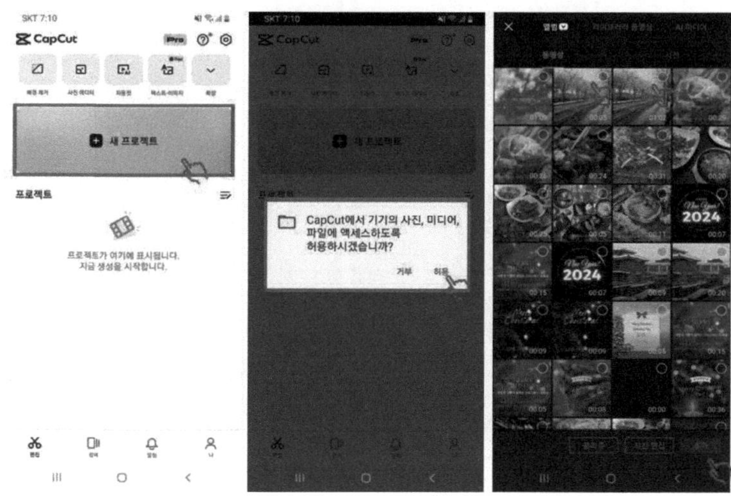

13.글씨를 입력해 보겠습니다. →하단에 T텍스트 터치
14.텍스트 추가 터치
15.키보드가 열리면 "2023년 12월 24일 눈 내리던 풍경" 이라 입력 후 Enter를 눌러 주면
16.텍스트가 입력됩니다.

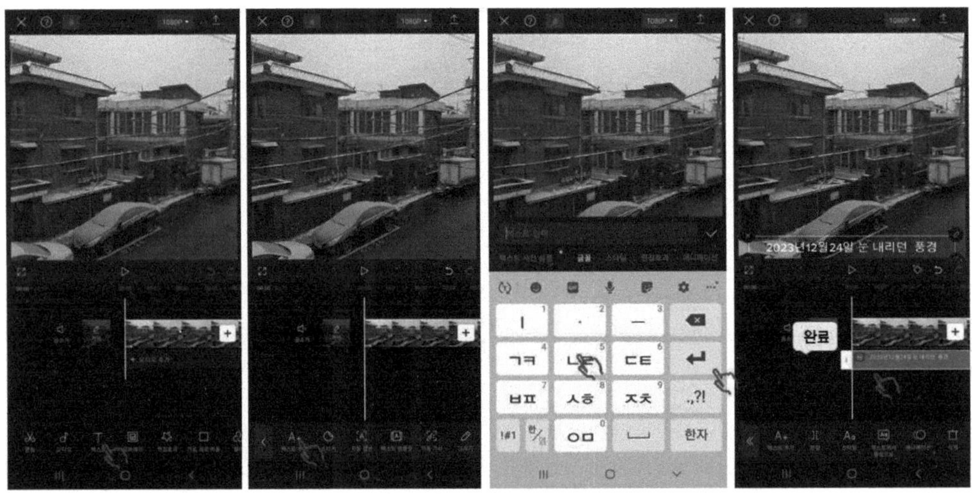

영상이 시작 되기 전 커버 화면을 편집 해 보겠습니다.
17. 커버 편집 터치
18. 제공 되는 템플릿 중에 하나 선택 후→오른쪽v터치
19. 쓰여져 있는 문구의 색상을 변경하고자 할 때 수정하고자 하는 문구를 터치 (여기에서는 FASHION 라는 문구입니다.)
20. 문구의 색상이 변경 되었습니다.

색상이 변경된 FASHION 문구를 SNOW로 변경 하겠습니다.
21. FASHION 터치→키보드가 열리면 SNOW 를 입력해 주세요→ 오른쪽v터치
CHALLENGE문구를 12월23일, 30일로 변경하겠습니다
22. CHALLENGE문구를 터치→키보드가 열리면12월23일, 30일로 입력→오른쪽v터치
23. 오른쪽 상단의 저장을 터치 해 주세요

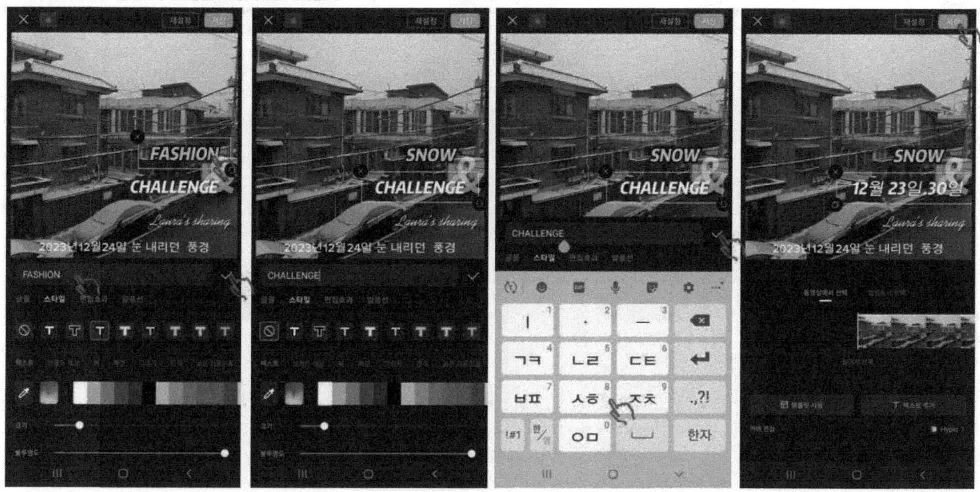

24.최종적으로 저장이 되는 모습입니다.
25.저장이 완료 되면 공유 준비 완료 화면이 뜨는데 다른 채널에 공유하셔도 좋고,
여기서 마무리를 하신다면 오른쪽 상단 완료 를 터치 해 주세요

1.오디오 선택
2.사운드 선택
3.음악 선택 + 콜 눌러 주세요
4.음악이 삽입 되었고, (음악이 삽입된 BAR가 선택 되어 있어야 합니다)

5.영상이 끝나는 곳에 위치선 옮기고 분할 눌러 주세요
6.분할 후, 나눠진 뒤쪽 부분은 삭제 눌러 주세요
7.영상 길이에 맞춰 음악이 잘라진 모습입니다.
8.영상 끝나기 전, 앞 화면으로 위치선 이동

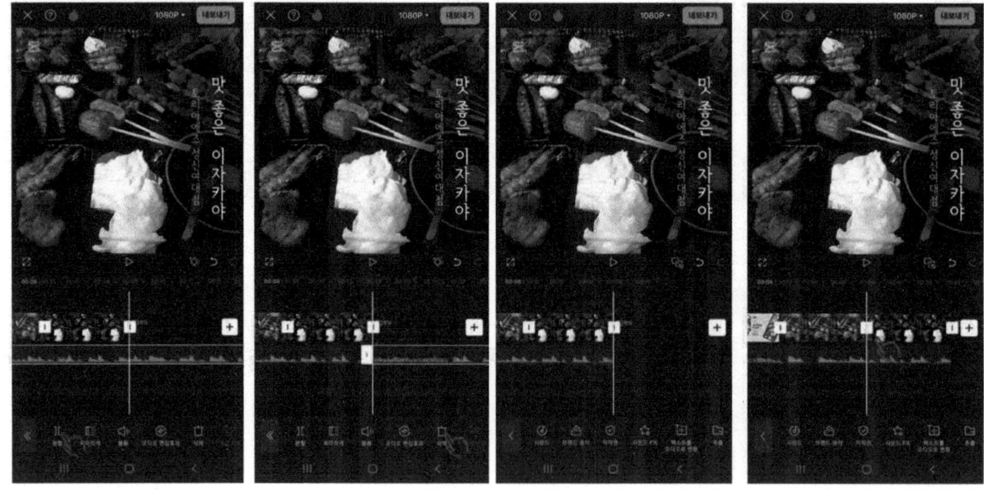

9. 분할을 눌러 줍니다.
10.나눠진 뒷 부분이 고정되어 있는 상태이고 희미하게 눌러 줍니다
11.페이드아웃(점점 줄어들게)부분을 막대선 끝까지 당겨 주신 후 체크 표시 눌러 주시면 완료 됩니다

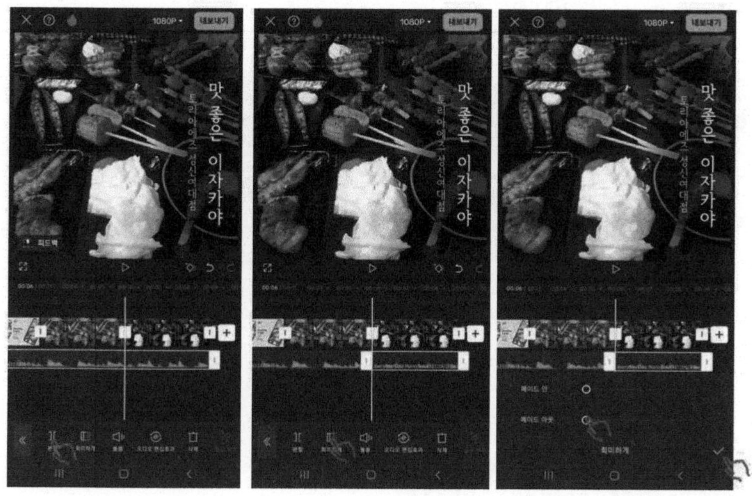

Chapter 4

고급 숏폼 제작 전략:
알고리즘을 지배하다

숏폼의 성공은 알고리즘의 작동 방식을 이해하고 그에 맞춰 콘텐츠를 '설계'하는 데 있습니다.

01. 숏폼 알고리즘 이해(조회 수·완시율·반복재생)

숏폼 알고리즘이 콘텐츠를 확산시키는 핵심 기준은 다음과 같습니다.

1) 완시율(Completion Rate)

시청자가 영상을 끝까지 시청한 비율입니다. 숏폼에서 가장 중요합니다. 15초 이내의 영상은 완시율이 80% 이상 되어야 유리합니다.

2) 반복 재생(Re-watch Rate)

시청자가 영상을 한 번 이상 다시 본 횟수입니다. 완시율보다 더 강력한 지표입니다.

3) 총 조회 수

당연히 높을수록 좋지만, 완시율이 높을 때 조회 수 폭발이 일어납니다.

➡ 전략: 영상을 끝나자마자 다시 시작하는 듯한 루프(Loop) 구조를 기획하여 반복 재생을 유도해야 합니다.

✪ 쉽게 이해하는 '루프(Loop) 구조'란?

유튜브 영상에서 끝날 때쯤, 자연스럽게 처음으로 이어지는 흐름을 만들어
시청자가 알아서 영상을 다시 보게 만드는 전략입니다.

✪ 왜 루프 구조가 필요한가?

유튜브 알고리즘이 가장 중요하게 보는 요소는 바로 시청 지속 시간(Watch Time)과 반복 재생
(Loop)입니다.

✪ 영상이 많이 반복되면,

- ✔ 조회 수 상승
- ✔ 알고리즘 추천 증가
- ✔ 시청 유지율 개선
- ✔ Shorts에서는 폭발적 노출

이러한 4가지 효과가 생깁니다.
즉, 루프 영상 = 유튜브 알고리즘이 좋아하는 영상이 되는 셈입니다.

루프 구조를 이해하기 쉽게 예로 들어 보겠습니다.
➡ 예시 1: 중독성 있는 노래 영상
노래 마지막 부분이 처음 부분과 딱 이어지는 느낌이면,
시청자는 다시 재생되어도 자연스럽게 듣게 됩니다.
→ "어? 끝난 줄 알았는데 이어지네?"
→ 무의식적으로 2회, 3회 재생

➡ 예시 2: 정보 영상(Shorts 포함)
영상 끝에서 첫 장면을 살짝 다시 보여 주거나,
마지막 멘트가 처음 멘트와 연결되면 시청자는
"아 다시 처음부터 봐야겠다"라며 루프에 걸려듭니다.

예)

"어떻게 만드는지 다시 알려 드릴게요!" → 첫 장면 재등장

"자, 이게 바로 비법입니다." → 다음 장면이 첫 장면과 동일

❷ 초보자도 쉽게 적용하는 루프 제작 팁

❶ 마지막 장면 = 첫 장면과 유사하게

같은 배경, 같은 멘트, 같은 움직임이 있으면 자연스럽게 연결됩니다.

❷ Shorts에서는 필수!

Shorts는 자동 반복 재생되기 때문에

루프 구조가 있으면 조회 수가 폭발적으로 늘어납니다.

❸ 스토리 흐름 자체를 순환 구조로 만들기

예) 첫 장면: "대파 손질하는 법 알려 드릴게요!"

마지막 장면: "그럼 다시 대파부터 볼까요?"

→ 자연스럽게 다시 처음으로 연결되는 루프 완성됩니다.

❷ 요약하면?

루프 = 영상이 끝났다는 느낌을 주지 않는 마무리 구조

→ 시청자는 계속 보게 되고

→ 알고리즘은 이 영상을 점점 더 추천하게 됩니다.

02. 스토리텔링 숏폼, 밈 활용, 시리즈 기획법

- 스토리텔링 숏폼: 짧지만 기승전결이 있는 이야기, 반전 등을 넣어 시청자가 결말을 궁금해 하도록 만듭니다. (특히 릴스, 틱톡에서 인기)
- 밈 (Meme) 활용: 현재 유행하는 챌린지, 음원, 대사 등을 빠르게 차용하여 트렌드에 합류함으로써 노출을 늘립니다. 창의적인 변주를 더해야 성공합니다.
- 시리즈 기획법: 'OO이 안 되는 5가지 이유'처럼 특정 주제를 여러 편으로 나누어 제작합니

다. 시청자가 다음 편을 기대하며 채널에 다시 방문하게 합니다.

03. 브랜드/상품 홍보용 숏폼 전략

- 간접적인 홍보: 대놓고 '광고'하는 대신, 상품이 **실제 생활에서 문제를 해결해 주는 모습**을 재미있거나 공감 가는 상황극으로 보여 줍니다.
- 사용자 후기 형태: 마치 내가 직접 찍은 듯한 솔직한 사용 후기(언박싱, 비포&애프터) 형태가 광고 피로도를 낮춥니다.
- 콜 투 액션 (CTA): 영상 마지막 1~2초에 '더보기 링크 클릭', '지금 바로 구매' 등 명확한 행동 유도를 삽입합니다.

04. 쇼츠·릴스·틱톡별 최적화 포인트 차이

플랫폼	최적화 포인트
유튜브	키워드(제목, 해시태그)를 포함하여 기존 구독자를 유입시키고 긴 영상으로의 연결을 유도합니다.
인스타	고화질 영상미와 세련된 트렌지션이 중요합니다. 피드를 통해 팔로워와 소통하므로 브랜딩 메시지를 강조합니다.
틱톡	음원 트렌드가 가장 중요합니다. 재미있고 빠르게 공감할 수 있는 상황극이나 챌린지에 집중합니다.

Chapter 5

확산과 성장 전략: 채널의 장기적인 비전

성공은 한 편의 영상이 아닌, 채널 전체의 꾸준한 관리와 전략에서 나옵니다.

01. 해시태그, 썸네일, 자막 디자인 최적화

1) 해시태그

플랫폼별로 다르게 사용합니다.

(예: 쇼츠는 #Shorts, 릴스는 #reels, 틱톡은 #fyp(For You Page) 등 필수 태그 포함).

영상 주제와 관련된 키워드를 5~10개 정도 혼합하여 사용합니다.

2)썸네일

숏폼은 썸네일의 중요도가 긴 영상만큼 높지는 않지만, 내 채널 페이지나 유튜브 검색 결과에서는 여전히 중요합니다. 명확한 **제목과 핵심 문구**가 들어간 썸네일을 사용합니다.

3) 자막 디자인

숏폼의 자막은 매우 빠르게 지나가므로, **가독성이 가장 중요**합니다. 밝은 배경에는 진한 테두리를, 어두운 배경에는 밝은 색상의 자막을 사용합니다.

02. 업로드 주기와 콘텐츠 캘린더 관리

1) 업로드 주기

숏폼은 제작 시간이 짧으므로, **매일 1~3회** 업로드하는 것이 가장 이상적입니다. 일관된 노출을 통해 알고리즘에 채널 활성도를 보여 주어야 합니다.

2) 콘텐츠 캘린더

매일 혹은 주간 단위로 어떤 주제의 숏폼을 올릴지 미리 계획하고, 유행하는 밈이나 시의성 있는 주제를 넣을 수 있도록 유연하게 관리합니다.

03. 데이터 분석(조회 수, 도달률, 전환율)

1) 도달률 (Reach)

숏폼이 얼마나 많은 사람에게 노출되었는지 확인합니다. 도달률이 낮으면 해시태그나 음원 트렌드를 놓치고 있는 것일 수 있습니다.

● 어디에서 확인할까?

유튜브 스튜디오 앱 실행

분석하고 싶은 쇼츠 영상 선택

상단 메뉴에서 [분석] → [도달] 탭 클릭

여기에서 쇼츠의 도달률 관련 지표를 모두 볼 수 있습니다.

본 이미지는 YouTube Studio 화면을 캡처한 설명용 이미지입니다.

✅ 도달 분석의 핵심 지표 3가지

❶ 노출수(Impressions)

유튜브가 내 쇼츠를 몇 번 사람들에게 보여 줬는지를 의미합니다.

숫자가 높을수록 알고리즘이 "이 영상, 괜찮네!"하고 많이 뿌려준다는 뜻입니다.

❷ 조회 수(Watch count)

실제로 얼마나 많은 사람이 영상을 봤는지 보여 줍니다.

여기서 중요한 건

노출 대비 조회 전환율 → 즉, 클릭률은 쇼츠에서는 거의 필요 없음!

쇼츠는 스크롤하면서 자동으로 재생되기 때문에 클릭 없이도 조회가 올라갑니다.

❸ 유입경로(트래픽 소스)

쇼츠의 가장 중요한 분석 포인트입니다.

- Shorts 피드: 대부분의 조회 수는 여기서 발생
- 채널 페이지: 구독자가 보러 들어올 경우
- 탐색/추천: 제목이 좋아서 일반 영상처럼 검색됐을 때
  → 조회 수의 90% 이상이 쇼츠 피드에서 나오는 것이 정상!

✅ 도달률을 잘 봤을 때 어떤 해석이 가능할까?

① 노출은 많은데 조회 수가 적다.

→ 첫 1~2초가 재미없거나, 메시지가 약해서 바로 스킵 됨.

→ 쇼츠는 초반 1초가 생명!

② 조회는 나오는데 노출이 적다.

→ 유튜브가 아직 영상을 테스트 중

→ 지속 업로드로 알고리즘 신뢰도 쌓아야 함.

③ 유입경로가 거의 쇼츠 피드에 집중되어 있다.

→ 정상! 쇼츠 알고리즘이 잘 적용된 상태

→ '이번 쇼츠는 확산 가능성이 있다'라는 뜻입니다.

⬢ 도달 분석을 보고 개선하는 방법

도달 분석은 '내 쇼츠가 왜 퍼지지 않지?'를 알려 주는 힌트입니다.

- 첫 2초 임팩트 개선
- 짧고 명확한 메시지 삽입
- 감정·반전·자막 강조
- 루프(Loop) 구조 넣기 → 반복 재생 유도

즉, 도달률 분석은

✔ 영상이 얼마나 뿌려졌는지

✔ 사람들이 실제로 봤는지

✔ 어디서 유입되는지

이 세 가지만 보면 해결!

⬢ 요약(초보자용)

유튜브 쇼츠 도달 분석은 이렇게 보면 끝!

✔ 노출 수 – 알고리즘이 내 영상을 얼마나 보여 줬는가

✔ 조회 수 – 실제로 본 사람은 얼마나 되는가

✔ 유입경로 – 사람들이 어디서 유입되었는가

이 3개만 체크하면,

'이 쇼츠는 잘 퍼질 영상인가?'

'어디를 고쳐야 할까?'를 바로 판단할 수 있습니다.

2) 전환율(Conversion Rate)

숏폼을 보고 내 채널의 긴 영상이나 프로필을 클릭하거나, 상품 구매로 이어진 비율입니다. 브랜드 성장에 가장 중요한 지표입니다.

유튜브 쇼츠 전환율 분석, 이렇게 보면 쉽습니다!

쇼츠에서 전환율은
➡ '사람들이 내 쇼츠를 본 뒤 어떤 행동을 했는가?'를 분석하는 것입니다.
즉, 단순 조회가 아니라 '행동 변화'가 얼마나 일어났는지 보는 지표입니다.

✅ 어디에서 확인하나요?
유튜브 스튜디오 앱(또는 PC)〉〉
분석하려는 쇼츠 영상 클릭〉〉
상단 메뉴에서 [분석](Analytics)〉〉
참여(Engagement)〉〉
구독자 변화(Subscriptions)〉〉
노출 → 시청 행동 흐름(도달 섹션)
이 부분을 종합적으로 보면 전환율을 확인할 수 있습니다.

✅ 쇼츠 전환율을 구성하는 핵심 지표 3가지
❶ 구독 전환율
쇼츠를 본 사람들이 얼마나 구독 버튼을 눌렀는가?
'구독자 +30명 증가'
'구독자 변화' 그래프에서 확인 가능합니다.

✔ 지표가 높다면
→ 쇼츠 내용이 매력적이거나
→ 강한 메시지·브랜딩이 잘 먹혔다는 의미입니다.

❷ 참여율(Engagement Rate)
'좋아요, 댓글, 공유 등의 반응이 얼마나 일어났는가?'를 알아보는 지표입니다.
'참여' 탭에서 볼 수 있습니다.

- 좋아요 수

- 댓글 수
- 공유 횟수

이 세 가지의 참여율이 높을수록 → 쇼츠 알고리즘이 더 많은 사람에게 영상을 노출시킵니다.

❸ 다른 영상·채널 페이지로 넘어가는지

시청자가 쇼츠에서 내 채널로 넘어오는 비율을 이야기합니다.

이것도 중요한 전환입니다.

'시청자가 내 다른 영상으로 이동'

'채널 페이지 방문 증가'

등을 보고 쇼츠가 '관심 유도'에 성공했는지 판단합니다.

✔ 이는 브랜드·교육·홍보형 채널에서 매우 중요한 전환 지표입니다.

✪ 전환율 분석은 이렇게 해석하면 됩니다!

✔ 조회 수는 많은데 구독 전환이 거의 없다.

→ 영상은 흥미롭지만 '채널 구독 욕구'까지는 못 만들었다는 뜻

→ 영상 끝에 명확한 메시지나 채널 콘셉트 강화 필요

✔ 좋아요·댓글이 거의 없다.

→ 영상 흐름·포인트·감정 요소 부족

→ 명확한 후킹 포인트나 질문형 CTA가 필요

✔ 쇼츠에서 다른 영상 보기로 이어지는 시청 흐름이 없다.

→ 콘텐츠 연결성이 낮음

→ 설명란·고정댓글·브랜딩 강화 필수

✪ 전환율을 높이려면?

✔ 영상 중간·끝에 강한 CTA 넣기

"다음 영상이 더 재밌어요!"

"이 비법은 다음 쇼츠에서 계속됩니다."

✔ 정보형 쇼츠는 '부분 공개' 전략

다 보여 주지 말고 궁금증 남기기

→ 사람들은 다음 영상을 자연스럽게 찾음

✔ 일관된 포맷 유지

동일한 말투, 화면 구성, 색감

→ 채널 브랜딩이 살아나면서 구독 전환 증가

✔ 시청자 참여 유도

"여러분은 어떻게 생각하세요?"

"댓글로 알려 주세요!"

⬤ 요약(아주 쉽게!)

유튜브 쇼츠의 전환율은

'영상 보고 나서 사람들이 무엇을 했는가?'를 분석하는 것입니다.

가장 중요한 3가지만 기억하세요!

- 구독을 했는가?
- 좋아요·댓글이 얼마나 달렸는가?
- 내 다른 영상이나 채널로 이동했는가?

이 3가지만 체크하면, 전환율 분석은 완벽하게 이해한 것입니다.

⬤ 분석의 활용

성과가 좋았던 영상의 **주제, 길이, 첫 3초 구성**을 분석하여 다음 기획에 반영하고, 성과가 나빴던 영상의 요소는 과감히 버립니다.

- 꾸준함과 유연함: 숏폼은 '양'도 중요합니다. 포기하지 않고 꾸준히 올리는 것이 핵심입니다. 동시에 빠르게 변하는 트렌드에 유연하게 대처하는 자세가 필요합니다.
- 피드백 수용: '왜 이 영상을 다시 봤을까?', '어떤 댓글이 가장 많았나?'를 고민하며 시청자의 피드백을 성장의 기회로 삼아야 합니다.
- 번아웃 관리: 잦은 업로드로 인해 번아웃이 오지 않도록, 일상 속의 작은 아이디어를 재빨리 영상으로 만드는 '습관화'가 필요합니다.

참고 자료

본 교재는 다음의 공개 자료 및 공식 가이드를 참고하여 교육 목적에 맞게 재구성·정리된 콘텐츠입니다.

- YouTube Creator Academy
- YouTube Help Center 및 YouTube Studio 공식 가이드
- Instagram Creators 및 Instagram Help Center
- TikTok Creator Portal 및 TikTok Creative Center
- 디지털 콘텐츠 마케팅 및 숏폼 제작 관련 일반 교육 자료

본 교재의 내용은 특정 자료의 단순 복제가 아니며,
학습 이해를 돕기 위해 저자가 재구성한 교육용 자료입니다.

콘텐츠가 브랜드를 만든다

당신의 이야기를 고객에게 닿게 하는 실전 마케팅

1판 1쇄 발행 2026년 02월 20일

저자 박성식, 박지연, 허해은, 박선미, 정예진

교정 황윤 **편집** 김다인 **마케팅·지원** 이창민

펴낸곳 (주)하움출판사 **펴낸이** 문현광

이메일 haum1000@naver.com **홈페이지** haum.kr
블로그 blog.naver.com/haum1000 **인스타그램** @haum1007

ISBN 979-11-7374-317-7(03320)